［新版］十二支

易・五行と日本の民俗

吉野裕子

人文書院

序

今の日本でも殆どの人は、子《ね》とか丑《うし》などといって自分の生れ年の十二支を知っている。なおその上、子だから丑だからとその性向にまで、言及する人もなかにはいる。

或いはまた年の暮近くなると次の年の十二支に因《ちな》んだデザインの品物が町中に溢れ、取分け、玄関、床の間の置物にそれらが見られるのはそれが縁起ものであることの証拠である。

物に限らず人間も年男《としおとこ》、年女《としおんな》といって一年間の福を負う人として尊重され、有名人になれば揮毫を頼まれ、節分の豆撒きに一役買わされることにもなる。

全国の神社の祭りもその社毎に何の月、何の日と十二支によって取りきめて行われ、神社の祭りのみならず、季節毎、月毎の歳時習俗もまた、昔は一年の各月、即ち十二支の廻《めぐ》りの軌道上に配置された行事の謂であった。

ざっと概観しただけでも十二支と日本民俗との関わりはこのように深く広範囲に亘るものであったにもかかわらず、それが何故かを探究する研究は皆無に等しく、時に十二支を扱っても、それらはいずれも十二支獣に重点がおかれ、いわば「十二支獣志」の観がある。

古代中国哲学の「易」、及びそれから発展した「五行」は、その宇宙観、世界観でもあるが、十二支は十干と共にこれと相即不離に結びつき、この哲学の運用の手段となっているものである。年も月も日も時刻も、すべて十二支によって構造化され、陰陽五行はこの仕組みの軌道上に初めて動き出す。

＊　＊　＊

十二支の各支は、陰陽五行の法則を負い、役割を荷《にな》っているので、先人達はそれによって神の祭りの日を定め、廻り来る年の実相を知って作物の豊凶を予知し、予防法を講じて来た。

年のみならず、十二支は前述のように月、日、時刻のすべてに亘り配当され、同時に方位にも十二支が割当てられている。詳細は、巻末の「陰陽五行の概要」に譲りたい。

一九九三年十一月九日

吉野裕子

目次

丑

寅

卯

辰

竜

午

未

申

酉

戌

亥

陰陽五行の概要

十二支

易・五行と日本の民俗

子ね

動物……鼠

意義……「子は十一月、陽気動き、万物滋するなり」（『説文』）

「子」という字は人間の頭と手足の形、又は万物の下から滋り、生ずる形に象るという。陽気動き、万物、下に滋萌するという「子」の字の象は、易の「地雷復」、即ち一陽が下に萌す、という象にそのまま通ずるのである。

㈠　五行の「子」

水気正位としての「子」

十二支……第一位

方位……正北三〇度の間

月……十一月

時……午後十一時より午前一時まで

季節……仲冬　十一月大雪より十二月小寒の前日まで

㈡　三合の「子」

申……生

子……旺

辰……墓

申・子・辰の三支は合して「水」と化す

㈢　支合の「子」

子・丑の二支は合して「土」と化す

子丑……土
亥寅……木
戌卯……火
辰酉……金
巳申……水
午未……土

㈣　易と「子」

子月　消長卦

☷☳地雷復《ちらいふく》

(一) 五行の「子」——水気正位としての「子」

其一 「子」と「太極」

十二支を方位に配当すると、北方を占めるもの、即ち、水気方局を形成するものは、「亥・子・丑」の三支。「子」はその中央であり、真北、正北である。

「子」を時間に配当すれば、「子月」旧十一月であるが、この旧十一月は季節でいえば「仲冬」で必ず冬至を含む。

そこで「子」は時間・空間共に水気の中央を占めていることになる。

* * *

「子」を解字すれば「了」(おわり)と「一」(はじめ)。つまり子とは終りと始めを一つに束ねるところである。ものの終りであって始めのところ、換言すれば、ものの「終始」のところとは、中枢であり中心である。万象を輪廻・循環の相で捉える中国哲学において、ものの終始の時と所を象徴する「子」は、まさにその輪廻の中枢・中央として意識されていた。

冬至を含む旧十一月（子月）は、易の消長卦では「地雷復《ちらいふく》」。陰がつきて新たに一陽がはじめて萌《きざ》すという「一陽来復」である。「子」の象徴する一陽来復は冬至を契機に陰から陽への転換の軌であると同時に、陰気の終りと陽気の始まりの二者を一つにしていると見做《みな》すことができる。繰り返せば、冬至を含む子月は、陰気が尽きて一陽来復の陽気の始め、「陽始」であると同時に、陰気の終り、「陰終」である。

「子」はこのように陽気と陰気の混沌として相混ずる所であるが『五行大義』には「子を困沌《こんとん》と名付く。陽気混沌をいう」と見え、子即混沌であると「子」を定義づけている。

冒頭の概要で述べたように、中国古代哲学において、原初唯一の絶対の存在は「混沌」。これは陰陽二大元気を包摂するところの中枢である。易はこの混沌を「太極」とするが、中国古代天文学では、これを「北極星」とする。この北極星の神霊化が「太一」「天皇大帝」である。

十二支においてこの「混沌」「太極」を象徴するものが、「子」である以上「天皇」を名乗る大和の首長に関わる諸行事に、「子」が深く関わることは当然すぎるほど当然である。

＊　＊　＊

其二　「子」と国家的行事・祭祀

1　都宮の選定（遷都）

2　世代の交替式（践祚大嘗祭）

3　祖霊の祭祀（伊勢神宮祭祀）

4　新穀感謝祭（新嘗祭）

以上は悉く「子」に関わる行事、或いは祭祀である。

これらについては既刊の拙著で記述しているので、ここでは簡単にその概要を記すに止める。

1　都宮の選定（遷都）と「子」

陰陽五行は中国古代天文学と密接に結びついているが、北極星は宇宙の中心とされ『史記』天官書には、「中宮天極星。其一明者太一常居也」とみえ、北極星の神霊化が宇宙神・太一であることを示している。この太一は太極の神霊化でもある。

この太一、即ち天帝一家の住む紫微垣を中宮とするが、日本において天皇の住居をこれになぞらえたとき、それは都の北の中央、即ち、子方（ねのかた）になるはずである。そうしてその通り、平城京でも平安京でも皇居と政庁は常に都の北の中央、子方を占め、その名称も皇居は「紫宸殿」、朝政をとる所は「大極殿」と称されたのである。天皇大帝とは北極星の神霊化であるが、大和の首長は、その自身に用いた天皇の呼称に対応して、その都宮を太極としたわけである。

天智天皇六年（六六七）三月十九日、都は大和の浄御原宮から大津に移された。いわゆる近江遷都である。浄御原宮は東経約一三五度五〇分の線上にあるが、大津京所在地と推定される南滋賀の地も大体、同一線上にあり、飛鳥から約六〇キロを距てた真北にある。

このように正確に真北の方位への遷都には、当時の社会的な諸理由以上に、北方選用の呪術が濃厚に感じられる。前述のように当時、盛んに導入されていた中国古代哲学において、正北・子の方位は他の方位に冠絶して重要な意味を持つからである。

しかも注目すべきことは、六六七年の近江遷都にはじまる「子午線上の遷都」が、七九四年、桓武天皇の平安遷都に至る迄約一三〇年間に六回も繰り返されている事実で、その様相は次の通りである。

			子方（北）		午方（南）
六六七年（丁卯）	三月十九日	（天智天皇）	大津京	←……	浄御原宮
六七二年（壬申）	九月―十月	（天武天皇）	大津京	……→	浄御原宮
六九四年（甲午）	十二月六日	（持統天皇）	藤原京	←……	浄御原宮
七一〇年（庚戌）	三月十日	（元明天皇）	平城京	←……	藤原京
七八四年（甲子）	十一月十一日	（桓武天皇）	長岡京	←……	平城京
七九四年（甲戌）	十月二十二日	（桓武天皇）	平城京	←……	長岡京

『日本書紀』天智五年条に、

「是冬、京都之鼠、向二近江一移。」

という記事がある。一国の正史にこのような記録が、何故載せられなければならなかったのだろうか。

天智五年といえば、近江遷都の前年であり、冬とあるのは恐らく冬至を含む旧十一月を指すと思われる。その時に都宮のある大和から近江に向かって鼠が移動したという。

この鼠は単なる生物としての鼠ではなく、「子」に還元されるべき呪術の鼠、法則を負い、太極を暗示する鼠であって、この記事は次の三つの要素から成り立つ。

（1）鼠とは「子」

（2）冬とは旧十一月、つまり「子月」

（3）近江とは真北の「子方」

そこでこの文は、「子月に、子（極）が、子の方に行った」と解読され、要するに太極がその本来の北に移動するということであって、来るべき年に行われるはずの遷都の予祝の占ゆえに、あえて正史に記載されたのである。

御代の交替ごとに都宮を移すのは日本の旧慣であったが、易・五行導入後は地上に太極を求めて北の子方に向かって遷都した。「子」は太極と同時に新旧交替を意味するところ、新旧・陰陽を一つにするところ、とりわけ一陽の萌《きざ》すめでたい方位でもある。

天智帝の近江遷都をその第一号として、以後一三〇年間、天武帝の場合を除き都は常に北方に向かって移され、その動きは平安京に至ってようやく終熄する。恐らくそれは平安京以北に都としての適地がなく、また次第に規模の大きさを増す首都の移転が不可能となったためと思われる。

北方遷都とは、宇宙の中心の象徴たる北の子方を目指す壮大な古代人の意図の表出であるが、その意図が正史の中に「鼠」字を含むわずか十字の中に表出されていることは、もっとも重視されるのである。

2　世代の交替式（践祚大嘗祭）と「子」

「天皇大帝は北辰の星なり」（『春秋《しゅんじゅう》合誠《ごうせい》図《と》』）といわれるが、天皇は北辰、即ち北極星の神霊化である。

そこで万世一系としての天皇命は北極星の永遠の生命に習合・還元され、一方、個々の天皇はこの北極星つまり「子の星」の徳を生《あ》れ継ぐものとされる。従って祖霊の分身たる天皇は、大嘗祭では神饌を共食するのであるが、それによって祖霊と合体することになる。

明治以前の旧暦による十一月、即ち子月斎行の大嘗祭は、時間・空間ともに「子」が撰用され、「子星《ねのほし》」の神霊化たる祖神への供饌を、文字どおり、その内容としている。

大嘗祭の祭神は天神地祇といわれるのみで、その実体は従来、不明とされてきたが、私見によれば大嘗祭は、「天皇命の根源たる北極星を祭神とする北辰祭祀」である。より詳しく言えば、その供饌到達のための一連の手続きとして、食匙型の北斗南斗に、まず神饌を輸し送ることに心が砕かれていて、それを特色とする祭り、ということになる。

・大嘗祭の日取り・祭祀時間・祭祀方位と「子」

大嘗祭の日取り……大嘗祭は旧十一月、つまり子月の中卯日に始まり、午の日に終わる四日間の祭りである。旧十一月（子月）は冬至、旧五月（午月）は夏至であるから、この子から午への軌《みち》は、

・陰から陽へ

・懐妊から出産へ

の「陽」の軌であって子を中心とするこの祭りは天皇命更新の祭り、新天皇誕生の「陽」の祭りを象徴している。

大嘗祭の祭祀時間……大嘗祭のハイライトは卯・辰両日に亘る宵・暁の神饌の供進であるが、その中心時間は「子刻」である。

大嘗祭の祭祀方位……大嘗祭の祭屋構成は、その祭屋、即ち大嘗宮は北中央の子方の廻立殿を中心に、ユキ・スキ両祭屋が東西に配されている。この子方の廻立殿において子刻を中心とする宵《よい》暁《あかつきのおおみけ》大御饌即ちユキ・スキ供饌の儀が行われる。

大嘗祭とは日取り・祭祀時間・祭祀方位のすべてに亘って「子」を中心とする祭りである。

私共の祖先達の考えは、北極星の永遠性、則、不滅の天皇命。その永遠性保証の術は只一つ、つまり生きかわり、死にかわりしてこの天皇の命を生《あ》れ継いでゆく個々の天皇の交替によってのみ、それは可能なのである。この即位式という名の交替の儀式こそ、唯一絶対の永遠性保証の方法であり、現実化なのである。

先帝を「陰」、新帝を「陽」とすれば、この陰陽の交替点を意味する「子」の重視は、まことに

当然であって、「子」を中心に終始するこの祭りの実相を把握しなければならないと私は考える。

3 祖霊祭祀（伊勢神宮祭祀）と「子」

大和の首長が自ら北極星の神霊化、「天皇」を名乗って、宇宙神にまで自身を高めたのは大体、推古朝と推測されている。当然その次に来るのは、その祖霊、つまり天照大神も単なる日の神ではなく、同一レベルまで昇格させなければ釣り合いがとれないという反省であろう。

しかし北極星の神霊化、「天皇」の名号は既に現《うつ》し身の首長に使用されてしまっているから、使うわけには行かない。

そこで天皇大帝と同様、道教における北極星の神霊化、即ち「太一」を伊勢神宮の内宮の祭神、天照大神に習合させた。この習合は天武朝に行われたと思われるが、これはいわば日神と星神との合体であるから、正に一大変革で、一種の宗教改革であった。

ところで北天に在って不動とされる北極星、即ち天帝太一は、自分の周囲を一年の周期で規則正しく廻る北斗七星を、帝車として宇宙を統べるというのが、中国古代の壮大な星のロマンである。つまり北極星と北斗七星は互いに相即不離の関係にある。そこで伊勢の内宮には「太一」、外宮には「北斗七星」が習合されている、というのが私の年来の主張であり、推理である。

「太一」即「子」であるから、大嘗祭同様、伊勢神宮の神嘗祭の中心時間は子刻、その神饌名、「ユキ大御饌」も同じである。

北斗七星の美称、「旋璣玉衡」とは角い珠玉の意で、北斗七星は回転する美しい珠と柄という意味である。

食匙形の北斗及び南斗の丸く凹んだ所が、「璣」に当たるから、北極星への神饌は、この璣に輸し送られる神の食事という意味で、ユキとは「輪璣」の意であろうと私は推理する。

天の大匙に食物を輸し送る、それによって初めて天帝太一、或いは天照大神にもそれは届く、と考えられたのである。大嘗祭の祭祀時間と神饌の名称の一致は、祭神の同一性の証《あか》しでもある。

神嘗祭の日取りが、九月（戌月）であることに就いては、本稿、戌月の項で考察するので、ここでは省略し、伊勢神宮の神嘗祭が、大嘗祭と同じく、共に「子」に関わる祭りであることを記するに止める。

4 新嘗祭　霜月祭

新嘗祭は大嘗祭同様、子月中卯日に始まり四日後の午に終わる祭りである。つまり、その内容は前述の践祚大嘗祭と全く同様である。ただ践祚大嘗祭が新帝の御代の始まりを祝い、天皇命の更新・新生を促す祭りであるのに対し、新嘗祭は、年毎の稲の穀霊の新陳代謝の祝祭である。

冬至を含む旧十一月、子月には、易の卦では、初めて一陽が萌《きざ》す形を示す「地雷復」の卦が配当されている。

つまり万物が枯死する全陰の旧十月、「䷁坤為地」を経て、冬至を契機に僅かずつながら「陽」の方向に向かうのが「子」の「滋《ふえ》る」の象意であって、生命の増殖を示している。旧十一月、子月、或いは霜月とは、このような意味をもつ月なのである。

繰り返せば、「子」は生命の萌芽であって、「子」で妊られた新生命は「巳」に至って極まり、「午」で誕生する。「子」から「午」へは「陽の軌《みち》」で、践祚大嘗祭も新嘗祭も、共に子月中卯日に始まり午の日に至る四日間の祭りであるということは、この陽軌を踏まえていることに他ならない。

国家的なこの稲の祭りである新嘗祭に対し、民間においても日本各地で、子月には一斉に「霜月祭り」が盛大に執り行われる。それは全て穀霊の復活、よみがえりを祝う祭りで、偏えに「子」の負う法則の実践なのである。

この稲の祭りが、収穫後二ヵ月以上も後の厳冬のさなかに行われる理由を柳田国男は、

「収穫後、長期に亘る物忌みが必要とされたからである」（『祭日考』）

と説いているが、このような物忌み説では解明しきれない要素を、これらの祭りは余りにも多く含んでいる。

其三　大黒と「子」

エビスと併称される大黒は福神として現在も都市の商家、農山漁村の家々の神棚には必ず祀られている。この俗信の神々のなかでも横綱格の大黒様は一見、いかにも日本固有の神の如くであるが、

その源は時所を遠く距てたインドにあり、平安初期、中国を経て、仏教の大黒天として日本に招来されたという。

即ち、この大黒天とは、インドの全知全能の神、シヴアの一化現、マハーカーラ（マハー＝大、カーラ＝黒）であって、その神性は「生成と破壊」の両義を兼ねるものとされ、その一方の徳、つまり生成の象徴が「リンガ」となっている神である。この大黒は中国においては、寺院の食堂の柱の傍らに祀られ、金嚢を手にして、衆僧の飲食の保護・保証を掌《つかさ》どる施福神であった。

日本に招来されたこの大黒天は、比叡山延暦寺を始め、天台系の諸寺院に祀られ、僧侶の妻の呼称、「大黒さん」の語源になっていることは周知の通りである。

やがて平安末、同音の故に、大国主命に習合され、その神像も袋を負って八十神の供をする大国主命の姿に変改された。その原型のリンガは、背後から見ればそれにそっくりの大黒帽、又は大黒頭巾に残されている。

大黒が同音の故に大国主に習合されたと同様に、易の「太極」にも重ね合わされ、その結果、家屋の根源とも言うべき、その中央の最も大切な柱が「大黒柱」とも「太極柱」とも書かれるようになる。要するに大黒の神格は、

性神としてのマハーカーラ…………インド
大国主…………………日本
太極…………………中国

の三者を兼ねることになる。換言すれば大黒とは三位一体の俗信の神といい得るのである。

しかし三位一体とはいっても、そのなかには自ら軽重があり、もっとも重視されているのは「太極」ではなかろうか。

大黒様の祭りは本来、「子祭」と言い、冬至を含む旧十一月、つまり子月子日、或いは十月子日、年間六回巡ってくる甲子《きのえね》等であるが、子月子日を古儀とし、後に変化して甲子になったという。いずれにしても「子日」には変りないから、「子」がいかに重視されていたかは、このことからも察せられる。

大黒様の祭日が「子日」、しかも一番望ましいのが子月子日子刻ということになり、大黒様とは「子」によって象徴される太極の神霊化ということになろう。大黒はその発音通り「太極《だいこく》」なのである（大黒信仰の詳細については拙著『神々の誕生』、全集第八巻所収をご参照頂きたい）。

(二) 三合の「子」

「子」は水気正位故、三合でも同じく水気であって、安定である。その作用は、「(一) 五行の「子」」でみたところと同様なので、推理は省略する。

(三) 支合の「子」

子丑の支合が土気となる例

霜月とは即ち子月なので、霜月丑日とは子丑の「合」を意味する。

①「ウシドン　九州北部で霜月初の丑の日に行う田の神祭の祭神をいう。」

②「ウシノイネ　丑の稲。九州北部では一般に、霜月最初の丑の日をもって秋の田の神の祭日とし、その神をウシノヒサマ又はウシドンと呼んでいる。丑の稲は即ちこの日の神に供える稲、もしくは神の依坐であって、やはり愛媛県のアキレイと同じく、田に二摑みほどの稲を刈り残して置いて、主人自ら刈りに行く作法を伝えている土地もある。これもわざと重い重いと言いながら担いで帰り、土間の大竈の前に臼を立て、手箕にその稲を安置して神酒を供えた上で色々の祝詞がある。」

③「ウシノカミ　佐賀県小川島では、この名の祠が氏神の摂社になっていて、十一月丑の日に祭をし、その時各戸で藁でマゲというものをつくり、赤飯や甘酒を供える。」

④「ウシノヒサマ　佐賀県神崎郡で、霜月丑の日の田の神迎えのこと。」

⑤「ウシノヒゼック　長崎県北松浦郡小値賀島唐見崎部落で、十一月最初の丑の日を丑の日節供と

よんでいる。牛神さんという神社に供え物をし、家では麦飯の豆御飯を炊く。」（民伝一六ノ三）
⑥「ウシノヒマツリ　北九州では旧暦十一月の丑の日に餅をついて祝うのが農家の祭である。鎮守に大山祇神を祭る部落が、特にこの丑祭を厳重にする（嘉穂郡誌）。佐賀県東松浦郡では丑の日祭といい、この月二回の丑の日のいずれかの日に行う。臼の中に一升枡を置き、その枡に小豆飯を入れて祭り、或は箕の上に膳を据える。これに一尺二寸の楊の箸を削って添えるなど、他の地方のイノヒマツリの式とよく似ている。」（以上の例いずれも平凡社刊『綜合日本民俗語彙』より）

「子丑」の支合は化して「土」となるが「土」の本性は稼穡《かしょく》。つまりこれは種まきと収穫を表わしているものなので、農家にとって見逃せない「合」である。十一月丑日はこの理由によって「モノ日」とされ、祭り日ともされたのである。

(四)　易と「子」

十一月（子月）和名　霜月《しもつき》

十一月の卦は、☷☳、「地雷復《ちらいふく》」。

十一月は現行の暦、つまり新暦でいえば年も押しつまった十二月で、周知のように冬至を含む月である。

冬至を境にして、日脚は畳の目ほど、日毎に伸びてゆく。それは夏至を境に、日脚が一日一日と短くなってゆくのと正に対照的である。

・冬至から夏至の方向は、陰から陽へ、
・夏至から冬至の方向は、陽から陰へ、

の軌である。

地雷復《ちらいふく》

一陽来復

長くつづいた困窮の果に、はじめて一条の希望の光を見出したとき、あるいは不幸つづきの後に幸福が訪れたとき、人は簡単に「一陽来復」という。「一陽来復」は、それほど日本人の日常生活のなかに溶け込んでいる言葉であるが、その出典、あるいはこの四文字のなかに潜められている意味について知る人はきわめて少ない。

冬至を含むこの十一月には易の卦では前述のように、はじめて一の陽気が萌す形を示す「䷗地雷復」の卦が配当されている。つまり万物が枯死蕭条の全陰の十月、䷁を経て、万象は冬至を契機に、僅かずつながら、「陽」の方向に向うのである。

一方、十二支ではこの十一月に、最初の「子」が割当てられている。「子」は「鼠」であるが、「鼠」とだけ理解していては、「子月」のもっている意味はわからない。

「子」は「孳《ふえ》る」の意味で生命の増殖を示す。

十一月、子月、あるいは霜月とは、このような意味をもつ月なのである。

丑《うし》

動物……牛

意義……「丑は紐なり、十二月、万物動いて事を用う」（『説文』）

「陽気上りて未だ降らず、万物厄紐して未だ散ぜず」（『史記』）

陽気が天空高く昇りつめて、恰も紐で結ばれたように動かず、地上に降りてこない状態の時が「丑」である。また「丑」は季節・一年・一日の境の時でもある。

丑の解字

……右手
｜……棒
との合字

寒気のため、まだ右手の三指が動かない有様。要するに十二月の寒気、即ち陰気がゆるむのをまって、手を挙げて仕事を始めようとする意味をあらわす。この字義から「丑」といえば「はじめ」「はじまる」の意をもつ。そこで起きてはじめて手を挙げる。或いは生まれて初めて手を挙げることを意味する。

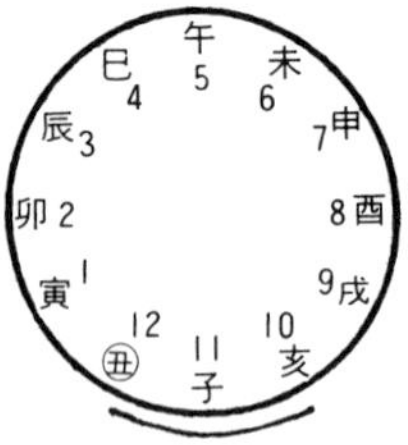

（一）　五行の「丑」

土気としての「丑」

水気の終りとしての「丑」

十二支……第二位

方位……北北東三〇度の間

月……十二月

時……午前一時より午前三時まで

季節……季冬　十二月小寒より正月立春の前日まで

（二）　三合の「丑」

巳……生

酉……旺　　巳・酉・丑の三支は合して「金」と化す

丑……墓

(三) 支合の「丑」

子・丑の二支は合して「土」と化す

子丑……土

亥寅……木

戌卯……火

辰酉……金

巳申……水

午未……土

(四) 易と「丑」

丑月　消長卦　䷒地沢臨《ちたくりん》

(一) 五行の「丑」――〈土気としての「丑」 水気の終りとしての「丑」〉

其一　土牛童子《どぎゅうどうじ》

十二支の「丑」は、その字義にみられるようにものの始めを指すが、始めとは同時に前のものの終りでもあって、「丑」は正にその通り、一日、季節、一年など、その各々の境を指す。境とは二つのものが相合するところであるが、境に要求されるものは一から他への順当な転換であり、時には中和でもある。

十二支の「丑」の負うこのような原理、或いは法則が明確に示されているのは、古くは国家の行事、「土牛童子」、民間の祭礼では今も年毎に盛大に行われている京都の「祇園祭」である。これらについては既刊の拙著で詳述しているが、ここには「丑」に潜む「季節の転換呪力」と「陰陽の中和作用の力」が窺われるので、改めて再録し、「丑」の説明の一助としたい。

1　『礼記』「月令」にみる季節の転換呪術

『礼記《らいき》』「月令《げつれい》」は、古代中国における一年十二ケ月の星座、気候と、その月々に行うべき行事の記録である。為政者がもっとも心を配るべきものは、中国思想によれば天象《てんしょう》と、四季の調和、その順当な循環、ひいては年穀の実りである。

そこで「月令」の記述によれば立春の時、天子は青衣を着け、青玉を佩び、百官を従えて親《みずか》ら東郊に赴き、春を迎えた。同様に立夏となれば赤衣をまとい、南郊に夏を迎え、立秋には白衣をもって西郊に秋を、立冬には黒色の衣を着けて北郊に冬を迎えたのである。

四季の推移にかかわる天子のこの行為は、季節の推移を形をもって表わしたもので、いわば時間の具象化である。何故このようなことが、もっとも重要な行事とされたのか。それらの行事は自然の規則正しい運行を人為的に促すための呪術だったと思われる。

2 季節の転換と土用

立春、立夏、立秋、立冬を四立《しりつ》とし、四季は四立によって区切られ、循環する。しかし厳密にいえば、この四立の前にある十八日間の土気の作用、即ち「土用」によって季節は転換し、循環するのである（「陰陽五行の概要」一九九頁、第32図参照）。

土気の性状の特色はその両義性にあり、万物を生み出すのも土気であると同時に、万物を枯死させ地に還《かえ》すのもまた土気である。この生殺両様の力を持てばこそ、土気は各季節の終りに配当される。即ち土気は一つの季節を殺し、来るべき季節を生み出す。それは木火土金水の五気のうち、もっとも強く激しい作用故に、古来、人は土用を恐れ、取分け、土に関わること、土木作業のような土を動かすことを厳重につつしんだのである。

しかし恐れてのみはいられない。現実に季節は推移すべきものであり、その原動力となる土気の作用はまことに貴重で、むしろ人の側においても積極的にこの作用に参与し、これを促すことが必要とされた。

3 季節の転換呪物としての土牛

『礼記』「月令」の季冬、旧十二月条に「……有司に命じて大いに儺《だ》し、旁《あまね》く磔《は》り、土牛を出《つく》り、以て寒気を送る」とみえているのは、その好例である。

条中、「大いに儺し、旁く磔り」については、既著『陰陽五行思想からみた日本の祭』（全集第三巻所収）に詳述したのでここにはくり返さない。ここで問題にするのは、「土牛を出り、以て寒気を送る」である。

季冬十二月は丑月《うしのつき》。丑月は、亥《い》・子《ね》・丑《うし》の水気の冬の終りであるとともに、土気の土用でもある。「丑」とは「牛」なので、「土で作った牛」、土牛とは正に土用の丑月、旧十二月の造型であり、具象化である。

「出る」は、「つくる」と訓《よ》んでいるが、「出る」は元来、あるものが内から外に出ること、あるいは出すことの意であるから、この場合も家の外、都城の門外に出す意として受けとられる。

水気の冬と、土気の土用を兼ねる丑月の象徴たる土牛を外に放逐してこそ、新しい年、新しい春を迎え入れることが出来るわけである。

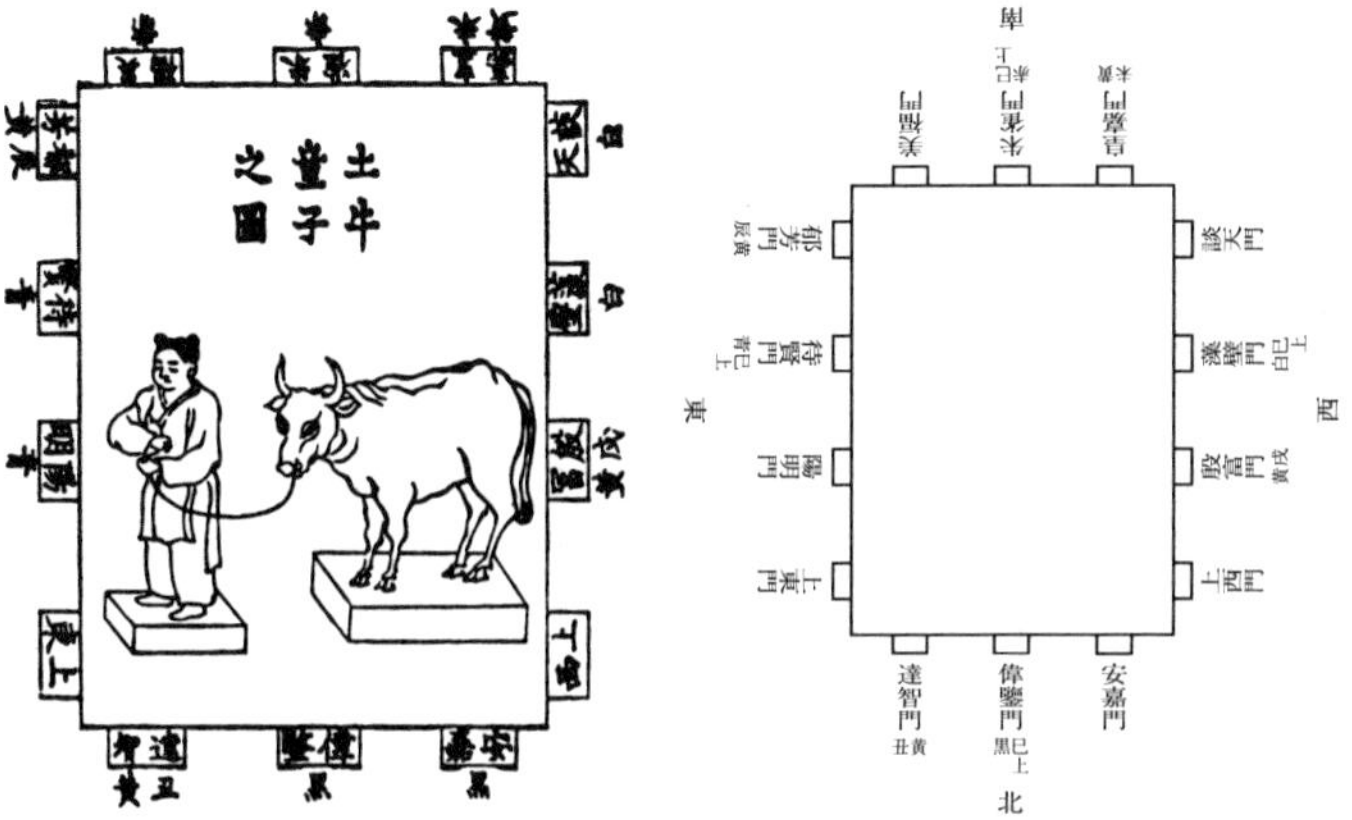

第１図　土牛童子の図

4　日本における土牛童子

中国のこの古い行事は当然、日本にも取り入れられた。『政事要略』巻二九記載、陰陽式の土牛に関わる年中行事が即ちそれである。

「土牛
陰陽式云。土牛童子等像。請二内匠寮一。大寒之日。前夜半時立二於諸門一。陽明待賢二門各青色。美福朱雀二門赤色。郁芳皇嘉殷富達智四門黄色。談天藻壁二門白色。安嘉偉鑒二門黒色。立春之日。前夜半時乃撤。
土牛之色。諸門之中。八門方色。四門黄。黄是土色。五行大義云。未辰丑戌。土之位者。具見下拝二四方一部上。今此四門。巳当二土位一。慥為レ視レ情。作レ図注レ左。」

丑

〔訳〕「陰陽寮式によると、土牛童子の像（これは内匠寮に要請して用意する）を大寒の日、前夜半時に宮中の諸門に立てる（即ち、東の陽明・待賢二門には各青色の土牛童子、南の美福・朱雀二門には赤色、郁芳・皇嘉・殷富・達智の四門は黄色、西の談天・藻壁の二門は白色・北の安嘉・偉鑒二門は黒色である）。そうして、立春の日、前夜半時にこれを撤去する。」

以上が陰陽式の本文であるが、次はその説明である。

「これらの土牛童子は、皇宮十二門のうち、八門には東西南北各方位の色のものを立てる。しかし、うち四門は黄である。黄は土気の位《くらい》、従って土気の位に当たる四門には黄色のものを立てる。第1図はその情況を示すものである。」

5 中国・日本の「土牛」の比較

『礼記』「月令」によると、「旧十二月丑月、土牛をつくって門に立て、寒気を送り出した」という。

『陰陽寮式』では、「立春前の大寒の日（土用）、十二宮門のすべてに方色を以て土牛童子像をつくり、立てて立春とともに撤去する」とある。

『礼記』「月令」の模倣であれば、丑月の丑は、これを空間におきかえれば、東北隅となる。従って東北隅の達智門のみに立てればいいわけであるが、十二宮門のすべてに方色の土牛童子を立てているわけである。しかも、牛だけでなく、そこに「童子」を配している。

両者の間で共通なのは、丑月という時季、土牛、それにこの土牛を門に立てるということで、他は相違している。この相違は何に由来するものなのだろうか。

6　土牛と童子

・土牛――丑

・童子┬丑――十二月
　　　└正月

八白土気の童子は丑寅を兼ねる存在であるが、丑寅を兼ねるということは、旧年から新春への季節・年の転換を促す呪物を意味する。しかも十二門にすべて土牛童子像を立てることは、要するに立春に当り、一年の四季の転換をもここで予祝的に一挙に果たそうとする意図にもとづくものと思われる（童子即易の少男。「陰陽五行の概要」の「易と家族構成」一八〇頁参照）。

其二　祇園祭と牛頭天王

1　祇園祭の概要

京都八坂神社の夏の例大祭、旧六月十四日（現行七月十七日）の祇園祭は、日本でもっとも著名な祭りとして知られている。従ってこの祭りについては諸家によって各方面から多くの研究、解釈が行われている。が、陰陽五行による考察は従来、皆無である。

2　八坂神社の沿革とその祭神

八坂神社は京都の京都市東山区祇園町にあり、明治以前には祇園牛頭天王社、祭神は祇園天神といわれた。祇園天神社の創始は、貞観十八年（八七六）、播磨国広峯から遷され、元慶年間、或いは延長四年（九二六）、神殿が初めて建てられたという。

式外社ではあるが、二十二社の一として重きをなし、後三条天皇（一〇六八―一〇七二）以後、屢次にわたる行幸啓をはじめ、悪疫流行に際しては奉幣、あるいは仏事を修せられるなど、朝廷の尊崇がきわめて篤かったことが窺《うかが》われる。

明治に至り、激しい廃仏棄釈の勢いに押されて、この仏教的色彩の濃い祇園天王社は、その旧地名、山城国愛宕《おたぎ》郡八坂郷の名をとって八坂神社として再出発したわけである。

祇園天神は、牛頭天王、または武塔天神ともいい、インドの北方に顕現した神とされる。祇園とは釈迦の建てた道場、祇園精舎《ぎおんしょうじゃ》に由来するが、この祇園の守護神が牛頭天王なので、祇園天神とは即ち牛頭天王なのである。

3　祭神・牛頭天王の本質

牛頭天王とはその名からも察せられるように渡来人によって祀られた神であって、日本古来の神ではなく、『祇園会細記』「牛頭天王荒魂由来」には、

「牛頭天王と申奉るは、掛まくも畏き素盞嗚尊にましまする……天王御出現の事は、延暦のころなり。われ古《いにしえ》のことを思ひて、王城守護のためここに来るは、と仰せられて、即ち鎮座し給ふ。新羅にて、曽戸茂理《ソシモリ》の牛頭方《ゴヅハウ》といふところにましませる故、牛頭天王と申奉る由、……」

と見え、ここには新羅起源であることが暗示されている。

4　水気としての「牛」

そこで私は牛頭天王を牛として捉え、そこに陰陽五行の理を導入して、牛の首が水祈願の呪物となり得る理由、ひいてはそれが祇園祭の原理に至る理由を推理したいと思う。

「牛」を十二支に還元すれば「丑」、一年でいえば「丑月」、旧十二月、季冬、即ち、水気の終りである。

牛頭天王の「牛頭」とは「牛の首」であるが、「首」は訓読すれば「ハジメ」。その始めと終りは一つであって、水の終りは水の始めに通ずる。水祈願に際し、水源に牛首が投じられるのはこのような意味からではなかろうか。

いずれにせよ、「丑」を意味する牛、及び牛首は、水気と深い関係がある。

5　土気としての「牛」

一方、「丑」は土気なので一年、及び冬から春への季節の推移の呪物として、土気の「土牛」が用いられたことは『礼記』「月令」にも述べられている通りである。十二支の「丑」は、水気と土気の混合であるから、現実の「牛」も同じく水気と土気の象徴である。

祇園祭はこの牛の神霊化としての牛頭天王を祭神とする社の祭りで、千年余を経て来ている。

6 祇園祭の重要点――「未月土用重視」と「乾湿・水火の中和」

祇園祭の時季は旧六月十四日、現行は七月十七日で、要するに酷暑の土用である。この暑熱が人体に種々の害を及ぼし、他方、悪疫を流行させる訳で、祇園会の起源として説かれる蘇民将来の伝承もこの疫病に関わるものであること、また牛頭天王がそれを免《まぬ》かれさせる救世主として登場することも共に注意される点である。

祇園祭はその当初から酷暑時における疫病対策の呪術的祭りだったと解される。何故、この祭りが疫病対策の呪術的祭りなのだろうか。

祇園祭の推理においてもっとも重要なことは、それが未《ひつじ》の土用の月の祭りという点である。この未月斎行の意義の理解が祇園祭の解明につながるのである。

この未月斎行の意味は実は二つある。

①牛頭天王という土気の祭神を土用月に祀ることによる土気の強調。それによって夏から秋への季節の転換を「相生」とする。

②牛頭天王という土気にして、且つ水気の祭神の祭りを行うことによる酷暑の「火気の中和」とする。

以上の二点である。

①について（未月土用の重視）

土用はくり返しいうように春夏秋冬の各四立の前、十八日間で、丑・辰・未・戌の四つの月の中にあるから年間四度、土気の作用のもっとも壮んな時である。

しかし土用といえば、通常、夏の土用、つまり旧六月未月の土用を指す。この夏の土用について『和漢三才図会』は次のように説明している。

〈和漢三才図会、時候類、三伏日〉「按、夏禅二於秋一、亦間有二土用一、相生也、余月亦雖レ有二土用一、以二夏秋之交一為レ主。」（傍線引用者）

〈訳〉「夏が秋に交替する。その夏と秋との間には他と同様に土用がある。これによってこの交替は〈相生〉となる。他の月にも土用はあるが、夏から秋に移るこの土用を、土用中の土用とする。」

〈解釈〉「『和漢三才図会』の説の趣意は、一年四度の土用中、この土用が主要である。暑熱という点でも重要であるし、また、ここにおかれたこの土用によって、夏から秋への転換は〈相生関係〉になるので、この意味でも重要なのである。」

ということになろう。後者は多少の説明が必要と思われるが、要するにこれは四季の転換を、相生、相剋の視点でとらえているわけである。しかも夏から秋は一年の真央であり、一入重大なのである。即ち一年の推移は、次のように行われる。

・春（木）―木生火―夏（火）―火剋金―秋（金）―金生水―冬（水）―水生木―春（木）

四季の推移は夏から秋への「火剋金」の「相剋」を除いては、すべて「相生関係」にあって順当なのである。この夏から秋への推移にみられる「相剋」を、「相生」に変えるのが、未月の土気の土用である。つまり、夏秋の間に土用をおくことにより、

・夏（火）―火生土―［土用］―土生金―秋（金）

と、その推移は、「相生」となる。『和漢三才図会』はこの夏秋間の土用を「相生也」と説明していると思われる。

夏と秋の間にも他の季と季の間と同様に、はじめから土用はおかれてはいる。しかし単純に季節から季節への推移を取り出してみれば、他季間と違い、夏・秋の関係は相剋なのである。従って、夏秋間の土用の意義は重く大きい。何としても強調したいところである。その強調したい念が土気の牛頭天王を祭神とし、同じく土気の童男を祭主とする祇園祭となったものと思われる。

日本人は念入りなことが好きである。大自然に対し、夏秋間に土気をおき、相生関係にしたということの再確認、祇園祭はこの確認の行事である。

しかし、一方においてそのような「理」は一般にはわかるはずもない。著名人を含む多数の人が酷暑のさなか疫病で斃れれば、それは怨みをいだいてなくなった人々の霊のたたりとする情念もまた日本人の特徴である。

「理」に発した祇園祭は「情」に移行し、「御霊会」の名で次第に大規模な祭りになって行くのである。

②について（乾湿・水火の中和）

先述のように祇園祭は、その当初から酷暑時における疫病対策という呪術の祭りであった。

呪術の祭りにおいてもっとも重要なのは、その祭りの執り行われる日時と、その祭神の本質である。そこで、

第2図

祇園祭の時季

牛頭天王の本質

この両者間の関係をみることが次に祇園祭解明の鍵になるわけで、

第2図はこの両者の関係の図示である。

図によって判るように、祭神と祭時季との間には特別の関係がある。

祭神……丑

祭時……未

この両者は対中の関係にある。対中とはその本質がすべて相対的、

簡単にいえば正反対であることを意味する。つまり、
丑は水気（冬季……亥子丑）の最終
未は火気（夏季……巳午未）の最終
火と水、夏と冬の相対は、五行のうちでももっとも激しい対立とされる。
しかし、この両者間には相対する要素ばかりではなく、共通点もまた存在する。つまり共に、土気という点である。しかもなお、同じ土気といってもこの両者間には、その土気の質に差異がある。
丑は水気中の土気……湿土
未は火気中の土気……燥土
祇園祭の時季は未月、旧六月、それは火気の終りと、燥土の土気を兼ねる時季である。しかもこの土気は火気により「火生土」と生じられ、燥土の土気として一年中の土用の中でも作用のもっとも激しい土気である。この熾烈な土気が、只でさえ乾燥暑熱の旧六月の地上において一入、疫癘にその猛威を振わせるわけである。
自然の環境が人体に深い影響を及ぼすというのは、中国哲学の中心理念である。というのは、人体もまた一の小宇宙と観じ、宇宙と人体を一如となすからである。
そこでその対策が当然、考えられる。対策とは何か。バランスをはかること、つまり暑熱と寒冷、火気と水気を中和させることである。中和の手段としてもっとも有効なものは、同気でしかも性質の反するものを合わせること、たとえば熱湯を呑み頃の温湯にするには冷水を加えるようなものである。

そこで、燥土の「未」の土気の鎮静には、湿土の「丑」の土気を合わせて中和させるわけであって、この「丑」の象徴としての牛頭天王こそ暑熱時における悪疫防災の救世主とされたのであった。

7　稚児の呪術的重責

祇園祭におけるこの乾・湿の中和の相乗的効果となるものが、祭主の稚児である。稚児は童男、十二支に還元すれば「丑寅」で、土牛童子にみられたように牛と童男は共に「丑」、「土気」であって、しかも同じ「湿土」である。

牛頭天王と稚児は、共に悪疫流行の基盤である乾燥した首都の「火気」を、その内包する水気の湿土によって中和する働きをする。「中和」、それこそ祇園祭の天下に対する最大の功徳であり、この祭りの祭神と祭主は同じ湿度の土気故に、正に相乗的効果を挙げ得るのである。

・「丑」「未」結合例

この祇園祭にみられる燥土の「未」と、湿土の「丑」の取合せによる中和の原理は、現在も全国的な民俗行事、「土用丑日の鰻」に生かされている。

即ち、現在の七月二十日前後の土用は、未月。その未月丑日の呪術的食物は本来は「丑」即ち牛肉のはずである。しかし明治以前は牛肉は禁忌で食用には供されなかった。そこで牛の「ウ」を取って、鰻・梅・瓜等が代用されたが、栄養価の高い鰻が暑気払いの適格者に選ばれて定着することになったと思われる。

「土用丑日の鰻」は、牛頭天王を祭神、童子を祭主とする祇園祭と、共通の原理に立つものであって、私見による祇園祭の本質の傍証になるものと確信する。

以下に挙げるのはその諸例である。

①「牛の祇園。六月十五日に牛を水辺につれて行って洗ってやり、また村の小社につれて詣でることを、山口県阿武郡ではウシノギオンといった（長門風土記）。この日は鳥取県ではウシウマノショウガツなどといい、小麦の団子をつくる（因伯民談三ノ四）。」

②「丑湯。土用の丑の日にたてて入る風呂。岡山県川上郡では、この湯に川菖蒲とさねかずらを入れて浴すると一年中病気をせぬといっている。兵庫県の一部では、痔を病むことを免れると称して、この日は海に行って盛んに泳ぎ、これもウシユと呼んでいる（飾磨郡風俗調査）。→ハツウシ」

③「牛盆。山口県の周防大島で、六月晦日をいう。牛を海に泳がせる。牛のだにが落ちるのを河童が食いに来るからあぶないといって、子供を海に出さぬ。同県熊毛郡上ノ関島では、ウシアライは七夕の翌日である。」

（以上いずれも平凡社刊『綜合日本民俗語彙』より）

つまり未月丑日に牛を洗い、或いは水に浸すのは、それによって、水気の「丑」と、火気の「未」の呪力の発動を促し、乾と湿、火と水の中和を計って、酷暑炎熱の害の人身に及ぶことを防ぐ呪術である。即ち牛によって象徴される「丑」の負う法則の具象化であって「祇園祭」「土用の鰻」と同一原理に立つ行事である。もちろんこれらは農耕にもっとも重要な牛を、炎暑のさなかに十分に労わってやるという目的から出ている行事でもあって、このような現実に即しての解釈もそれはそれで可能である。が、しかもなお未月丑日という日取りから推して考えれば、陰陽の調和、暑熱の緩和、を主眼とする呪術と思われるのである。

前掲諸例②の「丑湯」と特に名付けて、牛ばかりでなく、人も土用の丑日に湯に浸り、或いは海に入って泳ぐ、というのは、十分にこれを裏書きするに足る事例であろう。

(二) 三合の「丑」

其一　土気三合の「丑」

年間に土気、即ち土用が廻って来るのは「丑」「辰」「未」「戌」の各月の四度、これ以外に土気の月はない。土気の三合は、火気の三合「寅・午・戌」と同じであるが、その生・旺・墓の順が異なる。土気の三合は、

午——生
戌——旺
寅——墓

で、土気は「午」で生れ、「戌」で盛んに、「寅」で死ぬ、のである。くり返せば、

「午」（五月）は土気の生ずる処
「戌」（九月）は土気の最も旺んな処
「寅」（正月）は土気の墓、死ぬ処

である。重ねていうが、「丑」は土気、従って同じく土気の三支、「辰・未・戌」と同様に、土気三合の法則は、「丑」にも当てはまる。

この土気三合の法則により、「丑」の生ずる処は「午」、つまり五月である。

当然、五月にはこの「丑」つまり「牛」の祝いが日本の各地でみられる。

この五月には端午の節供とか、田植などがあるので、とかく牛の祝いもそれらの行事の一部のように見做され易いが、次の諸例でも明らかなように、それらはいずれも土気としての「丑」の誕生を、現実の「牛」に托して祝っているのである。

土気の本性は「稼穡《かしょく》」。稼穡とは播種と収穫を意味するから、この土気の誕生を祝うことは、田植の時季に最も ふさわしく、この「丑」を「牛」として、牛が花やかに飾られ、五月四日は牛の正月とさえいいはやして、牛が優遇されることになる。

・午月（五月）の牛　行事例

①「ウシガミマツリ　牛神祭。五月の節供の日に牛神の祭を営む地方は少なくない。岡山県邑久郡でも、この日飼牛の角に菖蒲を飾るほか、麦藁で牛の形を作って牛神様に詣で、その牛を神木に

繋いで来る。牛神の神木には檀《まゆみ》の木などが多かった。五月中牛を使わぬという風習は奈良県にも山口県にも残っている。五月の牛神祭がこの古来の物忌と、因みのあることは想像できる。」

②「ウシノイオ　香川県三豊郡高宝村では、端午に鯖、鰺など、時には鰆、さごしなどの尾を菖蒲で括り、或いは菖蒲を鰓に通して、飼牛の角に掛ける。これを牛の魚《いお》とも、カケノイオとも呼んでいる。」

③「ウシノショウブ　岡山県勝田郡では五月六日をウシノショウブといい、牛小屋に菖蒲を葺いて災害除けとする（郡誌）。この地方では五月五日のことをショウブと言っているから、人よりも一日おくれて牛の祝い日があることになる。広島県高田郡などは五月五日、または十月六日をウシノヤスミと称して、この日は牛を使わぬという村が多い（郡誌）。山口県には、五月五日は牛を使ってはならぬという戒めが今もある。徳島県麻植郡では、五月四日の晩をウシノショウガツ、といって虎杖《いたどり》に蓬と萱を括ったものに水を灌ぎ、死んだ牛に供養する村がある。」

④「ウシマツリ　牛祭。五月下旬麦の取り入れの後、男童の行事として「赤牛やーい、黒牛やーい」と唱えつつ、牛の墓に参る風が京都府南桑田郡にある。宿は年順にまわる（民伝三ノ二）。」

⑤「ウシハナシ　牛放し。香川県塩飽諸島の広島で、五月五日に麦藁で作った牛を浜辺の松の木の下に持って行き、柴餅という中太の餅を牛に食わせる形をして、自分も食べ、牛の人形はそのままにして帰る行事（民法八ノ七）。」

⑥「ウシクヨウ　牛供養。中国地方の花田植はしばしば牛の供養の名をもって行われ、式の中心を田掻きにおき、同時にまた畜牛の品評会の観があった。代を掻く様式には鶴の巣籠り、七つ入れ

子、袈裟結びなどの種類があり、この技術を競べるのも又一つの見物であった（芸備風土記）。島根・広島二県の境などの地がことに盛んであった。」

⑦「ウシカケ　牛駆け。熊野地方では村によっては、牛の田掻きをこう呼ぶ。以前は、ただ裸牛を駆けさせて、この遅速に依って年を占った式が、次第に農作と提携するようになった経路を表わす語かと思われる（郷研一ノ五）。大阪付近でも、以前はウシカケまたはウシノヤブイリと称して、五月節供の日に川の堤に牛を牽いてきて遊ばせる習わしがあった（摂陽見聞筆拍子）。中国地方のウシクヨウは即ちこれと田植の式との融合したものとみて誤りなかろう。」

（以上いずれも平凡社刊『綜合日本民俗語彙』より）

・寅月（正月）の牛行事例

土気の三合は、

午――生

戌――旺

㊢――墓

「午」が「丑」の生ずる処であるのに対し、「寅」は「丑」の墓、即ち死ぬ処である。輪廻が万物万象の永遠を保証するものならば、死は新たなる再生の出発点として捉えられる。次の諸例にみられる正月に当っての「牛の追初め」「牛の年取日」「牛飛ばせ」などは、死をその再生への契機として捉えなおす行事のように思われる。正月に当たり、牛に人並の食物を与え、これを牛の年取りといい、牛を走らせて活性化をうながしている様相は、単なる正月行事というワクをはみ出しているように思われる。

①「ウシノオイソメ　熊野地方で、牛の追初めは正月十一日に、牛小屋というものを立てて、その周りを三度牛に廻らせそれから村の本道を走らせる。村の者が手に手に柴を持って鬨の声をあげて追う（東牟婁郡誌）。」

②「ウシノトシトリノヒ　牛の年取の日。隠岐の都万村で、正月十四日をいい、牛に雑煮をやる。またトシノヨともいって、夕飯は昼頃食べる（沿海手帖）」。

③「ウシトバセ　福岡県小倉市附近では、正月十一日が牛の使い初めをする日である。アキノホウに牛の頭を向けて鋤初めをする。帰って来ると牛に団子を与える。村によってはこの日に牛の仔の祝をする。これらの行事を牛飛ばせという（豊前一ノ二）。以前はこの地方にも牛を走らせる行事があったのであろう。」

（以上いずれも平凡社刊『綜合日本民俗語彙』より）

午月（五月）が「丑」の生ずる処に対し、寅月（正月）はその死ぬ処である。輪廻の法則からいえば、その死ぬ処、即ち「墓」でも何らかの行事を以て、その再生を願うはずである。①の例にみられるように牛小屋という仮屋を立てて、その廻りを三度廻らせるなどというのは人の葬儀を思わせるものがある。②③例もまた、牛の再生祈願がこめられている行事ではなかろうか。

太秦の牛祭

・戌月（九月）の牛行事例

前二例では土気三合のうち、その「生」と「墓」における「牛」を考察した。それならば当然、旺の「丑」（牛）、つまり、戌（九月）の「牛」の例もあるはずであるが、それが次に挙げる「太秦の牛祭」の牛である。

京都の三大奇祭の一つ、「太秦の牛祭」は現行は十月十二日であるが、明治以前は九月十二日に行われた。主神・摩多羅神《まだらしん》は、その昔、唐から帰朝した慈覚大師円仁《えんにん》によって勧請《かんじょう》され、比叡山常行堂に祀られている神というが、いずれの経典にも登場しない謎の神である。その性格は猛烈で、死に臨む人間の肝を喰らうとされる。摩多羅神は、祭りの当夜、白装束姿の四天王を従え行列を組み、牡牛《おうし》に乗って現れる。広隆寺境内の仮金堂正面の祭壇に着くと、牛から降りて着座する。その背後に立つ四天王によって祭文が朗読される。その内容の主要部分は「向寒の折り、風邪・ヒビアカギレ・伝染病の厄を払い、諸々の破戒無道の連中の罪穢れを根の国底の国迄払い却け給え」というのである。

〔推　理〕

①肝は五行では「木気」に還元される。木気を剋するものは「金剋木」の理で、「金気」であるから、肝を喰う摩多羅神の神格は「金気」のはずである。

②この祭りの行われる九月は金気の秋、又、土気も最旺のときである。
③金気は即、殺気。秋は諸悪の断罪、追放さるべき時と『礼記』「月令」にも明言されている。
④「戌」の九月は土気最旺のとき、従ってこの牛もつよい土気の牛。
⑤「土生金」の理で、金気を生むものは土気。そこでこの牛に乗る金気の摩多羅神は、土気によって生じられ、無類に強力である。
⑥風邪が諸災厄の筆頭に挙げられている。風邪即風。風即木気。金剋木の理で、牛祭の当面の目的は風邪退治。

以上を総合すると、「太秦の牛祭」とは、金気の秋《とき》における金気の神による諸病諸悪の追放、即ち厄除行事であり、迫り来る冬に備えての民生のための祭りである。その金気発動を支え、強化するものは主神を乗せる土気の牛なので、この祭りの名称ともなったと思われる。

謎とされ、奇祭とされる「太秦の牛祭」も、他の祭りの場合と同様、その祭りの道具立てを具《つぶ》さに見て、これを五行の理に照らして分析・推理すればその解明も可能なのである。

其二　金気三合の「丑」

金気三合は、

巳……生
酉……旺
丑……墓

で、「丑」は、その「墓」に当たる。

「丑」は金気三合の墓、終り。終りというのは、そのものの溜まるところでもある。金気は文字通り金銀財宝を象徴するから、「丑」（牛）の俗言はそれを反映するものが多い。

・一家の内に丑年生れがいると金持ちになる。
・丑年生れが三人揃えば金運に恵まれる。
・蛇か牛の夢をみればよいことがある。
・丑年に裁物は悪い

（『秋田の迷信と俗信』）

丑年生れは福の持主である。「丑」は財福を意味するから、着物など裁物をすれば、その福を断つ暗示となり、よくない。このほか「丑」には次のような俗信もある。

・丑日に葬式を出すと魂が迷う。
・丑日の葬式は一週間以内に連《つれ》をひく。
・丑日に洗濯や糊づけをすると川におちる。一生の長患いをする。

「丑」は冬の「陰」と、春の「陽」の境である。それは生死の境とも見做されるので丑日の葬式は魂が迷うといって忌まれる。このようなことから牛といえば牛に引かれて善光寺詣りの連想も手伝って、丑日の葬式は連をひくということにもなろう。

また、「丑」は、亥・子・丑の冬三月の終りである。冬は五行では、「水気」。水気は易の卦では☵坎。坎は陥、水におちるとか、長患いなどの象を含むので、この日の洗濯を昔は嫌ったと思われる。

㈢ 支合の「丑」

「子」「丑」の支合は土気、この支合の推理は「子」で行ったので、ここでは省略する。

㈣ 易と「丑」

十二月の卦は䷒、「地沢臨《ちたくりん》」、十二支では「丑月《うしのつき》」である。前月、子月《ねのつき》に、はじめて萌した一陽が次第に長じて、二陽四陰になった象である。

事実、冬至を過ぎれば日ざしは日毎に明るく、昼は少しずつ長くなるのである。

地沢臨《ちたくりん》

日ざしが明るく、昼が長くなるのは、陽の気の増加であり、陽気の伸長はすなわち万象の伸長、活気を意味し、易の卦が示す十二月の象は、このような陽気の段階的な増加である。

「師走」考

十二月の和名は「師走《しはす》」。初出は『神武紀』にあるが『万葉集』巻八にも、

十二月《しはす》には沫雪《あわゆき》降ると知らぬかも梅の花咲く含《ふふ》めらずして　（紀少鹿女郎《きのおしかいらつめ》）

とみえ、この師走の語源については諸説がある。たとえば、「十二月は忙しく、師（先生）も走り歩く」とか「万事なしはてる意」などと説かれている。

しかし十二月の『易』の二陽四陰の卦、丑月の「丑」の「紐《から》む」から推して考えれば、自然に別の解釈も成り立つ。

つまり「師」には、「大」「万物」の意味があるが、十二月には万象の動意が潜められている。この下方から二陽が新しく伸長して来る勢いを古代日本人は敏感に察した。そこで師走とは、なお盛んとまでは行かないが、この極月《ごくげつ》において、すでに始まりだした万物の動きというものを捉えた彼らによって、付けられた名称と思われるのである。

丑月の最終日、大晦日に大火を焚く風習の理由の一つには、この卦の象も数えられるのではなかろうか。

寅《とら》

動物……虎

意義……「寅、正月陽気動き、黄泉を去り、上出せんと欲するも陰、なお強き也」（『説文』）

「寅は万物始めて生じ、螾然たるをいうなり」（『史記』）

「寅は木なり、その禽は虎なり」（『論衡』）

「虎、進なり」（『爾雅』）

螾然とは、みみずやもぐらが春気に誘われて地上に出ること、陽気と共に地中の生物が地上に現れることを意味する。

㈠　五行の「寅」

木気の始めとしての「寅」

十二支……第三位

方位……東北東三〇度の間

月……正月

時……午前三時より午前五時まで

季節……孟春　正月立春より二月啓蟄の前日まで

㈡　三合の「寅」

寅……生

午……旺　　寅・午・戌の三支は合して「火」と化す

戌……墓

(三)　支合の「寅」

子丑……土
亥寅……木　　亥・寅の二支は合して「木」と化す
戌卯……火
辰酉……金
巳申……水
午未……土

(四)　易と「寅」

寅月　消長卦　䷊地天泰《ちてんたい》

(一) 五行の「寅」——木気の始めとしての「寅」

其一 首を振る「張り子の虎」

「寅」が負っている最も重要な象は「螾《いん》」、即ち「動」くことである。動き始めること、とはつまり、生まれ出ること、顕われ出ること、これらの要約が「螾《いん》」。「寅」を木気の始めとするが、木火土金水の中で、生命のあるものは木気だけなので、このような「動」「曲直」を本性とするものも木気に限られる。或いはまた、きちんとした形をもつものも木のみである。

特定の形を持ち、生々発展して止まぬもの、どこまでも伸びて行くもの、が木気の象であるが、特に寅は木気の始めで、生まれ出るもの、動き始めるもの、顕現するものである。私どもの先人たちは寅のこの本性をよく弁《わきま》えて、年初、つまり正月の呪物として「張り子の虎」を案出した。その特徴は「首が必ず動く」ようにつくられていることである。張り子といえば虎のほかにも、犬張り子があり、時には猫も猿もあるが、首の動く張り子は虎以外には先ず見当たらない。

張り子の虎の首だけが、何故、動くように作られているか、その理由は鮮明にされておらず、ただ、昔からそういうものとして捉えられているのみである。

首は身体の中で、いわば始まりのところ、「首」の字は、「はじめ」と訓《よ》まれるのである。その首が動くように作られているのは、四季、一年、一日、それらのすべての始まりの「寅」の造形以外の何物でもない。張り子の虎は微かな刺激に対しても微妙にその首を動かす。すべて生命のあるものも、ないものも、その有形無形を問わず森羅万象の始まりの動きは微かである。

値切られて虎も売手も首を振り（文政期川柳）

私どもの先人たちは万物の生命の始まりの相を、小さな張り子の虎の首に結集させたのである。

其二　産湯の儀の「虎の頭」

『紫式部日記』は、上東門院彰子（道長の女、一条天皇中宮）に仕えた『源氏物語』の作者、紫式部の寛弘五年（一〇〇八）秋から、翌々年正月までの日記である。その冒頭には、父道長の邸、土御門殿に里帰りされた中宮の御産前後の様子が具《つぶ》さにかき記されている。

その新たに誕生された敦成親王（後の後一条天皇）の産湯の儀の条に、僅か数文字ながら次のような注目すべき習俗が見出される。

「……御湯殿は宰相の君、御むかへ湯、大納言の君、ゆまきすがたどもの、例ならず、さまことにをかしげなり。
宮は、殿いだき奉り給ひて、御佩刀《みはかし》小少将の君、虎のかしら、宮の内侍とりて御さきにまゐる。……」

〔訳〕「産湯に奉仕する役は宰相の君、湯を浴し奉る相手役は大納言の君、その人々が白の生絹《すずし》の特別の衣装で奉仕するさまもまた格別である。
宮（敦成親王）は殿（道長）がお抱きになり、先行するのは御佩刀奉持の小少将の君、及び虎の頭を捧げ持って行くのは宮の内侍である……」

「この虎の頭は作り物で、これは魔除けのために湯に映して浴させ奉るのである」（岩波書店刊『日本古典文学大系』注）という説もあるが、この虎の頭については別の解釈もみられる。

「皇子誕生の時、虎の頭を御傍に置くことあり。邪魅を退けむ為なるべし。『紫式部日記』に上東門院皇子を生ませ給ひ、お湯めしける日のことども書きたる条に、宮は殿いだき奉りたまひて、御はかし小少将の君、虎の頭は宮の内侍とりて御さきにまゐる……。『栄花』にも、宮は殿いだき奉り給ふ。御はかし小宰相の君、虎の頭は宮の内侍とりて御さきにまゐる……。また『御産所日記』には永享六（一四三四）年二月十一日午刻、御湯始、虎頭八、入杓……。（皇子ならでも、やごとなきあたりには此事ありしなり）さてこの虎頭は作りものにはあらぬべし。かの頭骨はかやうなことに用ひるものと思はる。是にておもふ、犬はりこといふも、これらによれるならむ」（『嬉遊笑覧』）

「紫式部日記　皇子誕生の条に、虎の頭、宮の内侍とりて御さきにまゐると見えたり。本草に虎頭骨作枕、辟悪夢魔、置戸上辟鬼、初生小児、煎湯浴之、辟悪気、……長大無病、と見えたるによるなるべし。」

（『倭訓栞』）

以上が虎の頭に関する諸記録、ならびにその解釈である。

それによると産湯に用いられた虎の頭が、まず真物《ほんもの》か、作りものかということである。日本最古の虎の文献は『欽明紀』六年（五四五）百済への使者が、彼国で退治した虎の皮を持ち帰ったとあるのが始めとされる。また現実の虎は宇多天皇寛平二年（八九〇）、初めて船載されたという。従って『紫式部日記』にみえる虎の頭は、岩波本注にあるように恐らく作り物であろう。

次は『嬉遊笑覧』引用の『御産所日記』であるが、これは足利六代将軍義教の世子、義勝誕生の記録である。当時の対明貿易盛行の状況から推して考えれば、或いは真正の虎の頭も考えられないことではなく、事実、この著作者は作り物ではなかろうと述べている。

しかしそれにしても虎の頭を、八つも柄杓にいれて産湯に用いることがあるだろうか。「八」という数は木気の成数。当事者たちは、この数によって木気の「寅」の象徴とし、現実には小さな虎の作り物で間に合わせたものと私は思う。

呪物というものは、たとえそれが作り物であっても、その効果は常に真物に劣らない。というのは呪物はその背後に、常に呪術を負っていて、重要なのはその呪力だからである。

そこで問題は産湯の虎が真物か否かではなく、何故それが呪物とされていたか、より具体的に言えば、何故それが鬼魅をしりぞける魔除けの効果があるとされていたか、ということである。
とにかく産湯の虎は記録に残るだけでも四百年から五百年にも亘って高貴の人々の誕生に関わる呪物であり続けていたのである。それはその理由を探ることなく、ただ魔除けとして見過ごされる問題ではない。

繰り返して言うように十二支の「寅」は「螾」で、動きを意味する。その動きとは万物万象の動き、生命の動きである。

それは季節で言えば、この「寅」の背後にあるものは寒冷、万物枯死の冬、この陰闇の水気の冬の中から生気が動きだす春である。

或いは一日で言えば、この寅の背後は暗黒の夜闇で、この深い陰闇の中から暁の光が動き出す。
それぞれの時間の推移に感応して動きだす生気、それが「寅」である。

この「寅」の定義に基づいて、『倭訓栞』引用の「本草綱目」の虎の枕の効用を推理すると、次のような結論となろう。

即ち枕は睡眠の用に供されるものであるが、睡眠は五行では水気に還元される。そこで夜陰、暗黒の水気は、「水生木」の理で生命に溢れる木気へと推移する。

鬼は「陰《おに》」の転訛とされるように、闇の中に棲まうもので、暁の光に遇えば立ちどころに退散する。この暁の寅刻を象る虎の頭骨を枕に作れば、その枕は夜から暁へと時の推移を促し、枕の主がたとえ寝入っていても鬼魅の類をその呪力によって、よく退散させることが出来ると言うのである。

虎の頭と新生児

新生児にも同様の原理で、虎の頭は鬼魅除けに有効である。

冬が去り春が萌すと、暗黒の土中からは種々の生物がその陽気に誘われて、地上に初めて顕現する。「寅」とは

①陽気の伸長、

②陽気の顕現、

③陽気の震動、

を意味するものである。

新生児も土中の生物と同様に、その土中にも比すべき暗黒の母の胎の中から新しくこの世に顕現したもので、陽気を負い、生動してこの世の光の中に顕現した新生児の在り様は「寅」の象意さながらである。

しかし明るいこの世に突然投げ出されたに等しい新生児は、その生活力、体力、その他すべてに亘って、極めて微弱であり、且つそれが高貴の生まれであればあるほど、鬼魅の狙う標的になり易く、これを単独に放って置くわけには行かない。この新生児のための助っ人が、同じ象をもつ同類の「虎」なのであった。

取分け、産湯といういわば異空間の水の中に独り置かれる時、虎の頭は至上の守護霊物と見做されたと思われる。

もちろん、このような私の見方に対しては当然、異論反論も起こりうる筈である。たとえば、四方守護の神々、所謂「四神」のなかで西方を守るものは金気の白虎であるが、金気は五気の中で最も強く、あらゆるものに強さの点で勝つから、この場合の虎の頭とは四神の中の「白虎」の造型であって十二支の中の「寅」の造型としての虎の頭ではない、という考えである。

しかし魔除けとは元来呪術的なもので、けっして単に強いばかりが能ではない。産湯とか枕の虎の効用は、夢魔、悪気など、鬼魅に対するものであることが述べられている。それらの妖怪・悪鬼の類が跳躍するのは主として丑三つ刻であって、暁の光が射す寅刻には彼らは退散することになっている。

このような目に見えないものに対するには、力によるよりも、法則の作用による方がはるかに優る。法則の力によって自然に鬼を退け得る十二支の寅の造型としての虎の方が呪力において勝り、呪物として有効なのである。

しかし産湯の虎の頭の効用は魔除けもさることながら、その真の狙いは「寅」に内在する「動き」にある。

生命の実相は「寅」によって象徴される無限の生々発展、「動き」である以上、それが新生児の無事成長祈願のための呪物にならないはずはない。無事に生い育つこと、それが古今を通じての新生児に対する人々の祈求と期待である。

魔除けも、無病息災も、すべては無事に夭折することなく生い育つための条件に過ぎない。

産湯の虎の頭にこめられるものは、或いは魔除けとしても、それは広義の魔除けであって、「寅」

に潜む宇宙的生々発展を意味する「蠢《うご》き」の呪力への期待以外の何ものでもない、と私は考える。

其三　死者と「寅」

私どもの先人達は人間を先ず生者と死者に分け、つぎにその分類を一つにしてそこに初めて全体的、基本的人間像を把握していたと思われる。

従って、彼らの意識の中で生者と死者は一体であった。この考え方がよく実感されるのは、新生児と新仏・新霊の扱い方で、その扱い方の相違によって、逆説的にこの一体観が判るのである。

そこで先人達に代わって、その思考を追って見るとおよそ次のようなことになろう。

新生児と新仏は、新入りという点では両者とも同じである。前者はこの世への入口に在るもの、後者は彼の世への戸口に立つものである。一は現世に来るもの、他は他界に去るもので、その志向は反対である。

反対なのはその方向ばかりでなく、前者に期待されるものは、生命のみがその全てである現世の本質に対応して、専ら生々発展し、「動くこと」、後者に対して切望されるものは、冥福・永眠等の言葉にも示されるように、冥界における安らかな眠り、「静かさ」に徹することである。

そこで生々発展とか、生動など、新生児に期待されることは、死者に対してはもっとも忌み避けられるべきタブーとなる。

話を本節のテーマ、「寅」（虎）に戻せば、新生児に対して最も有効適切とされた寅の呪力も、新仏・新霊に対しては寧ろ有害無益なものとなる。

日本民俗において、死の場合、「寅」がいかに忌み嫌われたか、以下はその例である。

死者と「寅」諸例

①「寅除《とらよ》け。高知県幡多郡月灘村小才角では、葬式に寅の日を忌み、これを侵す時には僧侶に祈禱してもらってからでなければならない。長野県北安曇郡では、死んだ日から七日間内に寅の日があると、寺で寅除けをしてもらうという。」

（平凡社刊『綜合日本民俗語彙』より）

②「寅祭《とらまつり》。秋田県山本郡や南秋田郡では、死後一週間内に寅の日があると寅祭をして厄を払う。」

（同右）

③「寅返《とらがえ》し。寅の日に葬式を出しては悪いという地方が多い。福島県石城郡では僧に頼んで寅返しという法をしてもらえば、構わないという。佐渡ではトラヨケといい、丑除けは出来るが寅除けは出来ぬという諺があるところもある。」

（同右）

④「死人の傍に猫をやると、死人を立たせる。死人の上を猫が跳ねると、死人は立って歩く。」

（『秋田の迷信と俗信』より）

①②③の諸例にみる寅除け、寅祭、寅返しは、それぞれその名は違っていても内容は同一で、いずれも死者にとって「寅」が極めて悪い作用を及ぼすもの、忌まれるべきタブーであることが明白に示されている。

これらのタブーは、当初それぞれの地域で社家、僧侶、修験等の知識人によって理由を教えられず、単に指示されたにすぎないものと推測されるが、地域社会の人々によって訳は判らぬながらよく遵守され、その結果民俗として定着したために、長く伝えられて来たと思われる。

この死者の葬いにおける「寅」のタブー視から逆照射するとき、新生児とか年初に当たっての縁起ものとしての「虎」の意義も一層明白となる。つまりこれらの場合この上ない縁起ものとされた「虎」（寅）も一度《ひとたび》その環境が裏返され、逆転した場合にはもっとも忌避される対象となる。

民俗の中の「寅」から教えられるものは、それればかりではない。私共の先人達にとっての人間存在とは、それが生者と死者との大別の上に初めて成り立つものであったということも、また実感させられるのである。

最後の④例は広範囲にみられる俗信であるが、これまでその理由づけは余りみられなかった。ただ何となく猫は魔性のものだからという風に解されて来たが、それでは曖昧に過ぎるように思われる。もし魔性故と言うならば、なにも死人が立つとか歩く、など一つのことに限定されなくても、よさそうな気がする。

恐らくこの俗信の基本にあるものは、「猫は虎の仲間なので〔寅〕の負う法則の継承者」という先人達の確乎たる信条であろう。即ち、猫は虎と同様、どこまでも「うごくもの」なのである。葬いに際し「寅」を忌んだのと同一原理がそのまま猫にも適用され、長く広い範囲に及んで信奉されて来た俗信と解したい。「猫が近づくと死人が動く」とか「立って歩く」などという何とも薄気味悪い伝承も、このように考えればその理由も自然に納得されその薄気味悪さも多分に薄められる。

㈡ 三合の「寅」——火の始めとしての「寅」

地球の動きが一日、一年の繰り返し、輪廻である以上、その永遠性、或いは永遠性の保証はその順当な輪廻にこそ求められる。そしてその順当な輪廻をもたらすものは、その完全な「始め」と同じく完全な「終り」であって、この始終を完うすることが、至上の大事である。

ところでこの世のすべては、木火土金水の五気に還元されているから、この五気のそれぞれの輪廻が、地上の生命体にとっての重要事になる。

五気の輪廻の重要性は、いずれともその甲乙をつけ難いが、その中でも取分け、火気の輪廻は重要である。

その火気であるが、火気の方局は巳・午・未なので、この場合、火の始めは「巳」、終りは「未」、旧暦の月で言えば、四月と六月である。

火の三合では寅・午・戌なので、この場合、火の始めは「寅」、終りは「戌」、旧暦の月で言えば、正月と九月となる。

三合の法則は、日本の祭り・民俗行事に於いて非常に重要視されるので、火に関わる行事に於いて、この三合における火の始めとしての「寅」は具体的な「虎」に造型され、火の象徴呪物として、頻りに登場する。

火の象徴「虎」諸例

①「岩手県陸前高田市黒崎神社の梯子虎舞は高い梯子の上で舞う。大きな獅子頭を被っているが、虎舞と言う。十月二十八日の斎行。」

②「青森県三戸郡名川町剣吉では、九月九日縫いぐるみの親子虎が町内を歩く。厄除けという。また物語に題材をとった虎舞もある。」

③「宮城県加美郡中新田の〈火伏せの虎〉。四月二十九日斎行。虎頭に幌胴。十数頭がいちどきに二階の屋根の上に現れて、ゆっくりゆっくり降りて来る。地上に来てからも、静かに伏したり、起きたりを繰り返す。」

（以上いずれも平凡社刊『綜合日本民俗語彙』より）

①について

古く中国に「登高」といって、九月九日、山に登る風習があった。これは日本にも取り入れられて、古来模倣され、所によっては今もなお行われている。

私見によれば、これは三合の法則に於いて、火気の滅する旧九月に高所に登るのは、人間の行動による火の本性、「炎上」の擬《もど》きである。火の在り様をこうして擬き、真似ることによって、戌月には滅してしまう火気の再生を促す。つまり火気の再生輪廻を祈る呪術である。

九月登高については既刊の拙著『陰陽五行と日本民俗』『易と日本の祭祀』等において述べているので、参照して頂ければ幸いである。

この例に見られる十月二十八日は恐らく旧暦に直せば九月（戌月）と推測され、高梯子の虎舞とは、火気の本性「炎上」を象るもので、火気復活の呪術として受け取られる。

②について

青森県の例は正に九月九日の行事で、虎の縫いぐるみを作って町内を歩かせ「厄除け」と呼んでいる。これは高所に登る代わりに、火の始めとしての虎を作り、現実に町の中を歩き廻らせ、それによって火気を甦らせ、火気再生の呪術としたと推測される。

東北地方は寒冷の地である。稲作にとって最も願われるのは日照であるが、火気は即ち日照に還元されるから、この虎は冷害の多いこの土地の人々の熱い思いが籠められた火気再生の呪物である。

そこで結果的には厄除けとなり、この解釈は正しいが、何故虎なのか、何故この時季の出現なのかその理由が示されなければ、それはこの行事に対する真の解答とはならないのである。

③について

①②例の虎とは反対方向の虎で、この③はその名も「火伏せの虎」である。この行事を順に追って見ると、先ず高所にいちどきに沢山の虎が現れる、次にそれらはソロリソロリと降りて来る。地上に降り立った虎は、なおも静かに立て伏せを繰り返すというのである。この虎の仕草は何を狙い、何を表現しようとしているのであろうか。

前述のように火の本性は炎上。炎上とは高所ということに通ずるから、火としての虎をまず一度に沢山高所に出現させるのは正に、これは火災発生の擬きである。

次に火の本性に逆らって虎、即ち火を下降させるのは次第に抑えられ、鎮められて行く火災の状況、更に下降を続けて虎は地上に降りるが、この高所から地上に降り切った虎は、完全に鎮火した火災の様相を示す。

降り切った虎が、なお静かに立ち伏せを繰り返すのは、鎮火したあとも燻り続ける火の余勢を示すものと受け取られる。

旧四月巳月は、火の方局、巳午未の三支中の筆頭なので、「火の始め」である。消化活動も現代のようには行かなかった昔、人々は防火についても呪術に頼るほかはなく、火災の終始を「寅」に託して、その発生から鎮火する迄を克明に一つの行事として画き出し火鎮めの呪術としている。

要するに此処でもまた「寅」の負う法則を巧みに操っての祭り行事なので、この法則の理解なしに、その解明は到底不可能と思われる。

(三) 支合の「寅」

推理省略。

㈣　易と「寅」

正月（寅月）和名　睦月

正月の卦は䷊、「地天泰《ちてんたい》」、十二支では「寅月」であって、前月の卦、䷒、「地沢臨《ちたくりん》」と、十二支の「丑月《うしのつき》」をうけつぎ、陽の気が増えて、陰陽相半ばしている象である。

地天泰《ちてんたい》

新暦では大体二月に当たり、日ざしは既に明るく、「立春」の時である。

十二支の「寅」は既述のように、「螾《うご》く」の意味で植物の生命の伸長を象徴している。

寅・卯・辰の三カ月は春の季節、木気の支配するところで、寅月とは春の初め、木気の始まりを意味するのである。

そこでこの正月、つまり寅月は、易の卦、十二支象意、五行の循環、など、それらのいずれからみても新しい生命の躍動を内包し、この卦は「地天泰」の名によって示されるように、六十四卦の中でも、もっとも吉祥の卦とされている。

この「地天泰」の卦に対応するのが「天地否《てんちひ》」䷋の卦である。この卦はその名の通り、「否」であって、よろしくないわけである。何故、䷊が「泰」で、䷋が「否」なのだろうか。

一見すれば、天を象徴する☰が上に、地を表現する☷が下にある卦の方が、天は天、地は地の位にキチンとおさまっていて、これこそ安泰のように思われる。

しかし、これでは天は天、地は地で、この両者の方向は相反し、互いの間に交わり、和合の気配が全く見えないのである。

このような視点に立てば、地が上に、天が下にある「地天泰」の卦は、正に天地和合そのものの象であって、これを自然界にあてはめれば、天から降った雨が土中にしみ、水蒸気となって天に帰って雲となり、雨となって再び地に降って来る、という循環の気配を示すのである。人間も動植物もすべて雌雄、陰陽の交合するところに新生命の誕生があり、この和合に一切の始まりがある。こうした交合と循環を象徴する卦は、文字通り、「地天泰」であって、易の卦にみられる正月、寅月は、吉祥に満ちた月なのである。

この吉祥の根源は、天地、陰陽の「和合」にあることを思えば、正月の和名、「むつき」の由来は易の卦にこそ求められるのではなかろうか。

『礼記』「月令」も、寅月を説いて、「是の月や、天気下降し、地気上騰し、天地和同し、草木萌動す」と述べている。

木火土金水の五原素のうち、有機物は木気のみである。その木気は五穀を包合するが、正月は木気の始めの寅月、色は青、易の卦は「地天泰」、万象知合の時である。「睦月」はこれらの背景を象徴する名称と考えられるのである。

卯《う》

動物……兎

意義……「卯は茂なり。万物茂るなり」（『史記』）

「二月は万物地を冒して出づ。ひらく」（『説文』）

卯は象形文字で、開門の形。新芽が二つに分れて、地上に出ている形ともいう。

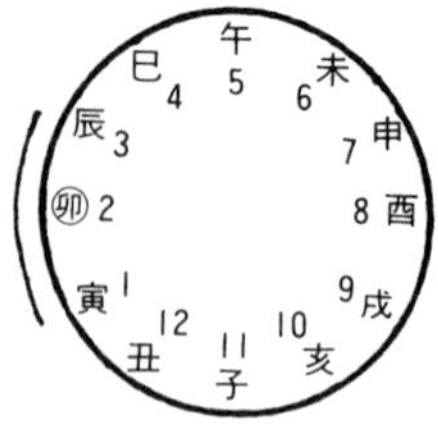

(一)　五行の「卯」

木気正位としての「卯」

十二支……第四位

方位……正東三〇度の間

月……二月

時……午前五時より午前七時まで

季節……仲春　二月啓蟄より三月清明の前日まで

(二)　三合の「卯」

亥……生

卯……旺

未……墓

亥・卯・未の三支は合して「木」と化す

(三) 支合の「卯」

子丑……土
亥寅……木
戌卯……火
辰酉……金
巳申……水
午未……土

戌・卯の二支は合して「火」と化す

(四) 易と「卯」

卯月　消長卦

䷡雷天大壮《らいてんたいそう》

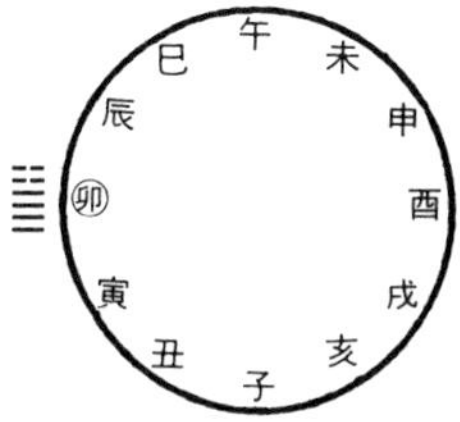

㈠ 五行の「卯」――木気正位としての「卯」

其一 祈年祭

二月最大の祭りは祈年祭である。この祭りの起源は天武朝にさかのぼるが、祈年祭のこの「年《とし》」は「稔《とし》」で年穀の実りを意味する。従って、祈年祭とは即ち、五穀豊穣祈年祭で、今は音読して「祈年祭《きねんさい》」というが、昔は「トシゴヒマツリ」といったのである。

現行の祈年祭は明治以降、二月十七日であるが、その創始は天武四年（六七五）二月四日。その後、神祇官に移され、再度の月次祭、新嘗祭と並んで国家の四つの大祭の一つに数えられる重大な祭りであった。

何故旧二月、即ち卯月に祈年祭が行われ、それが国家の大祭であったかといえば、それは十二支の「卯」が木気の正位を占め、木気とはくり返しいうように五穀を含む一切の植物を包括する気だからである。

更に祭日の二月四日の「四」に注目すれば四という数は十二支の四番目なので、それは子丑寅卯の四番目の「卯」と考えられる。現実の天武四年二月四日は甲申日であるが、年毎に祈年祭の斎行を二月四日と定められた背後に潜む考えは、四日を卯日と執り、月も日も共に「卯」を意識してのことにある。旧二月は常に「卯」で動かないが、日の方は年によって移動するので四日に固定したのである。

十二支の「卯」が木気の正位として、如何に稲作の国にとって重要であり、重視されていたか、それは祈年祭の日取り一つをとってみてもそれは十分に窺われるのである。

なお祈年祭の供犠起源については、『古語拾遺』の神話に詳述されているが、その推理は拙著『五行循環』（人文書院刊）で行っているので参照して頂ければ幸いである。

また日本民俗行事で、かつてもっとも盛んであったのは卯月八日の「コトハジメ」であるが、その考察も前記同書で記しているので併せて参看して頂きたく思う。

其二　卯杖《うづえ》

卯杖は卯槌と共に正月上卯日の行事で次のように説明されている。

「卯杖は、正月上卯日《かみうのひ》、大舎人寮、諸衛府等より御杖を天皇及び中宮、東宮などに献ずる儀なり。その杖は、桃、梅、椿、木瓜等の各々長さ五尺三寸なるものを用いる。蓋し精魅を駆逐する法にして、日本書紀持統三年正月乙卯の紀に、大学寮より卯杖を献ぜしを以て、書冊に見えたる始とす。神宮、諸社、及び幕府にても亦之を用いる。卯槌は、桃木にて作りたるものにて、卯杖を献《たてまつ》る日、糸所より献る。臣民の間にもまた互に贈遣して之を祝せり。」

（『古事類苑』歳時部）

卯杖は正月上卯日、色々の木を五尺三寸に切って、二、三株ずつ結わえ、御生気方位の獣を取りつけて奉ったものという。建武の頃まで行われていたが以後、廃絶した。

〔推　理〕

「卯杖」とは、寅月卯日の行事である。呪物として用いられる素材は樹木、その寸法は五尺三寸で、行事の日取り、行事の素材、そこに用いられている数、すべて木気に還元される。祭り、諸行事において最も重要なものはその日取りであるが、それが新春の初卯日であって、当日のその行事の名も「卯杖」と称されていることは注目に値する。

卯杖に添えられるものは、その奉献される相手、たとえば主上の場合、その御生気が東にあれば兎、南にあれば馬というように御生気象徴の獣である。春分を含む卯月は万物が生々化育する春の正位にある。

その正位の「卯」こそ十二支中、もっとも生気発動が期待される支であるが、それがその日取りの「卯日」であり、その名称の「卯杖」の所以なのである。くり返せば生気発動の「卯」の具体化が「卯杖」であって、春を寿ぐ第一の呪物として重視され、行事の名称ともなっていると思われる。

卯槌《うづち》の起源

卯槌は、正月上卯日、卯杖と同日の行事で卯杖・卯槌と併称されるが、その起源も作り様も両者は全く異なる。

卯杖は五尺を越す杖であるが、卯槌はそれよりはるかに小さく、文字通り槌状であって、玉・象牙・桃木などを四角に作り、穴を穿《うが》ち、長い五色の組糸を下げたもので、糸所《いとどころ》から調進された。

その起源は、漢の時代、官吏が正月、身につけた服飾の具、「剛卯《ごうぼう》」にある。それは長さ三寸、広さ一寸、金・玉・桃を素材として中央に孔をあけ、綵糸《あやいと》を通したものという。

「剛卯」の名の由来は、漢の姓は劉氏、この劉を解字すれば、卯《ぼう》・金《きん》・刀《とう》となるので、正月卯日に劉氏の剛強を象るこの服飾具を身に佩びて皇帝を尊んだ遺風にもとづくという。

卯槌の起源が漢の遺制、「剛卯」にあるとすれば、この卯槌には卯杖ほど、直接に「卯」の徳が意識されているものではないことは明らかである。しかし何事によらず中国の遺風を踏襲し、「剛卯」というように卯が強調される行事でしかも正月卯日ということになれば、後世になるに従い、両者の距離は縮小し、「卯槌と卯杖は長短によりて名の変れるにや。同じ程の物なり」（『嬉遊笑覧』巻六）といわれるに至る。

しかし両者の差異は一目瞭然であって、けっしてこれを混同してはならないと私は思う。

其三　月の兎

1　月中に棲まう蟾蜍

古来、日月といって両者は常に併称されるが、

第3図
卯　槌

その本質においては互いに全く相反する天体である。古代中国哲学によれば日は陽気の宗主、太陽であり、月は陰気の宗主、太陰である。

しかし両者の相違はそれだけではない。月の特質は約三十日の周期で規則正しく盈虚《えいきょ》し、しかもこのように満ち欠けしながら必ず復元して、その生命は恒常にして永遠であることである。盈虚、復元、永遠性、が月の顕著な特質である。

大自然の中にみられるこの「くり返し」ほど古人の想像力を駆りたてるものはなく、神話のおこりは多く自然界の不思議に対する理由づけであるが、月のこの特異性もその例外ではない。

中国神話によれば、「弓の名手、羿《げい》が西王母から得た不老不死の仙薬を、妻の恒蛾がひそかに盗んで月に逃げたので、蟾蜍にされ、月中に棲みつづけることになった」という。

「羿請二無死之薬于西王母一、姮娥竊レ之以奔レ月、……是爲二蟾蜍一。」（『後漢書』天文志上）

そこで蟾宮《せんきゅう》・蟾輪《せんりん》は月の異名となり、「蟾宮に登る」といえば科挙の試験合格を意味した。

蟾蜍はヒキガエルであるが、月中に棲むものはこれだけではなく、

「月中之獣、兎・蟾蜍也」（『論衡』）

とあるように、兎もまた月の住人で、「蟾兎《せんと》」と並称され、共に月の精とされる。

この月中の兎については次のような伝承がある。

「兎視レ月而有レ子、其目尤瞭、故性号謂二之明視一。」

（『爾雅翼兎』）

兎が月の異称となるのは、兎は雄なしに月を見るだけで子が出来る、といわれるからである。このように月と深く関わっているので兎は月の代名詞となり、「兎走烏飛《とそううひ》」とは月日の早く過ぎ去ること、「兎起烏沈《ときうちん》」もまた光陰の謂であって、兎といえば即ち月を意味する。

2　蟾蜍と兎の「永遠性」

ヒキガエルと兎は月中の生物としての共通性をもつが、両者に共通するものに、このほか「永遠性」がある。

ヒキガエルは西王母の不老不死の仙薬を服用したか、所持しているものかは判然しないが、いずれにしてもその薬故に「永生」のはずである。

一方、兎も月を見るだけで子を生む、つまり子孫が出来るので、これもまた「永生」が可能である。

こうしてカエルと兎は共に永遠に月中の生物なのである。それでは古人は何故、この二つを月中の生物としたのだろうか。

話を元に戻せば、それは偏《ひと》えに月の盈虚の謎を解くためと思われる。

3　月の盈虚の理論

約三十日の周期で満ち欠けをくり返す月の現象の中には、その満ち欠けにそれぞれ契機となるものがあるはずと古人は考えた。彼らは欠けて行くことは「損《そん》ぜられること、浸食されること」つまり剋する力の作用によると考えたに相違ない。

一方、「食せられたもの」の復元の契機となるものは、「食したもの、剋したものがそれとは反対に剋される場合」と思惟した。

平たくいえば月の中には、侵略者と、その侵略者を更に侵略するもの、の二つがいて、それらの作用が月の満ち欠けの契機とみなされたのである。

結論からいえば、その第一の侵略者がヒキガエル、第二が兎である。この考え方の基盤となるの

木《もく》生《しょう》火《か》
火《か》生《しょう》土《ど》
土《ど》生《しょう》金《きん》
金《きん》生《しょう》水《すい》
水《すい》生《しょう》木《もく》

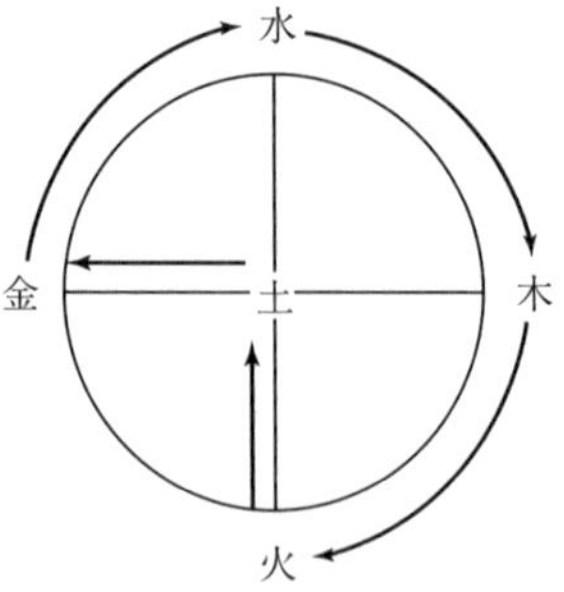

第4図　五行相生

水《すい》剋《こく》火《か》
火《か》剋《こく》金《きん》
金《きん》剋《こく》木《もく》
木《もく》剋《こく》土《ど》
土《ど》剋《こく》水《すい》

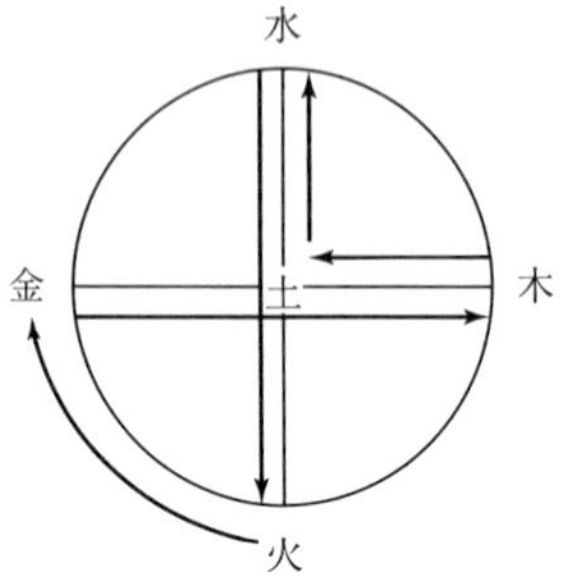

第5図　五行相勝（剋）

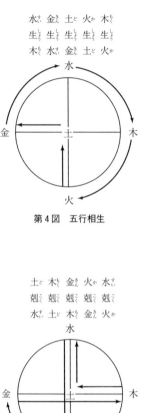

が陰陽五行説の相生・相剋の法則と、生物の分類である。

4　兎・蟾蜍の五行所属

配当表にみられるように五行ではすべての生物（五虫の虫は生物の意）を、鱗（魚、又は爬虫類）、羽（鳥）、倮（裸、人類）、毛（獣）、介（貝類）、に分類し、これを五行に還元する。鱗・羽・毛・介をもたないものを「裸」として捉え、その代表を人間とする。カエルの類いは人間同様、以上の四つを欠く故にツルツルした裸族であって、土気に配当される。

兎は毛物、即ち獣なので金気のはずであるが、兎は十二支では旧二月、卯の象徴で木気の正位にあるので、木気の生物として捉えられる場合が多い（次節は木気としての兎が、土気の狐を死に追いやる中国古代説話なので参照して頂きたい）。

月は陰気の宗主、太陰であるが、五行では、

「月者、水之精也」（『論衡』）

といって、水気に宛てられる。

第１表　五行配当表

五行	五色	五方	五時	五常	五虫	十二支	月
㊍	青	東	春	仁	鱗	寅・卯・(辰)	旧・一・二・三月
火	赤	南	夏	礼	羽	巳・午・(未)	四・五・六月
㊏	黄	中央	土用	信	倮	辰・未・戌・丑	
金	白	西	秋	義	毛	申・酉・(戌)	七・八・九月
水	黒	北	冬	智	介	亥・子・(丑)	十・十一・十二月

そこで月を中心に三者間の関係を辿れば、相生・相剋の理を基盤として、

• 土気の蟾蜍が水気の月を剋し、　「土剋水」
• 水気の月が木気の兎を生じ、　「水生木」
• 木気の兎が蟾蜍を剋する。　「木剋土」

という輪廻がみられる。蟾蜍が月を剋することは、

「古称三月中有二蟾蜍一、……月中蟾蜍食《す》レ月《を》」　（『爾雅翼』）

と見え、月中蟾蜍が月を食す、つまり剋すといわれている。月は元来、

「月《げつハ》闕《けつナリ》也、太陰之精《ナリ》」　（『説文』）

とされ、欠けることこそ月の最大の特質である。従ってその欠ける契機、原因は当然、考えられなくてはならないが、それが蟾蜍なのである。更に何故、蟾蜍かといえば、それは「土剋水」の法則から撰びとられた呪物以外の何ものでもない。

しかしもし蟾蜍の土気によって剋されつづければ月は死滅する。にもかかわらず現実の月は満ち欠けをくり返して永遠に生きている。この事実は、蟾蜍のこの「剋」に対し、互角の力を以て不断に蟾蜍を圧迫しているものの存在を暗示する。

蟾蜍と互角の力を以て作用するものが、木気の兎で、兎をして土気の蟾蜍を抑制させるものは「木剋土」の法則である。

この兎を背後から扶けるものが水気の月。もちろん、それも「水生木」の法則によることで、この法則によれば水気の月は、木気の兎の母である。「兎は月を見て生む」つまり、月は兎の母ということになる。

月は太陰というその名の如く、陰陽二大元気の総帥である。従って、陰気の総元締のこの太陰の水気は、太陽の火気同様、その水気の力は無限のはずである。

この月の水気を母として兎は無限に生じつづける。兎は、「不死」、しかもこの兎が生れるには「雄《おす》」など不用である。

一方、蟾蜍はこれも西王母の仙薬を服しているから、これも、「不死」。

月を剋す土気の蟾蜍と、この蟾蜍を剋す木気の兎の力は、互いに永遠にして不死、という点で両者は互角である。この両者の力のバランスの上に、水気の月は永遠に規則正しく、その盈虚をくり返す。

これが月中に蟾蜍と兎を置いた古人の心の究極に在るものではなかろうか。そうしてこの推理は、更に「月中の桂」にもまた当てはまるのである。

5　月の桂と桂男

月中の獣は蟾蜍と兎であるが、他方、月中の植物は桂ということになっている。

玉兎とか蟾蜍といえば月を指すと同様に、桂宮、桂月、桂魄等、桂も月の代名詞となり、

・折桂…………科挙の試験に及第すること。
・桂一輪…………月のこと。
・桂満三五夕……十五夜の月の出。

の如き、桂即月を示す慣用語句もある。

そればかりではなく月中の桂に関しては古来、次のような伝承がある。

「月中有《ニ》レ桂。高《サ》五百丈、下有《ニ》二一人一、常斫《ニル》レ之、樹創随合」

（『酉陽雑俎』）

〔要　旨〕「月中には桂がある。高さは五百丈、その下に人が一人いて、常にこの木を伐るが、その伐り口はすぐに元に戻る」

この伝承は何を意味するか。桂を解字すると木が一つ、土が二つで、差引き土が一つ多く、桂は「土気」ということになる。

月は水気。「土剋水」の法則で桂は蟾蜍同様、月を剋しつづけ、そのままでは月は全く欠けてしまう。この桂を放っておくわけには行かない。そこで古人はこの桂の樹下に男を置き、この男に不断に桂を伐らせることにした。しかしこの桂も仙樹なので伐られてもその創《きず》はすぐ復元し、その葉は十五日で悉く揃い、後の十五日で一枚ずつ落ちてしまうともいわれる。

恐らくこの伝承の狙いは蟾蜍と兎のそれと全く同じに月の盈虚の説明であろう。つまり土気の桂

によって水気の月は剋されるが、この桂を伐る男があって、その男によって月は扶けられ、復元するというのである。

この桂の高さは五百丈、盈数を払えば、この五百は「五」となる。「五」とは土気の数なので、この点からも月中の桂は明らかに土気である。

一方、易の家族関係では、長男（三十―四十歳）は「震」卦の木気に配当される。因《ちな》みに中男（十五―三十歳）は水気であるが、斧を振って桂を伐る桂男は恐らく壮年の木気の長男であろう。また月の住人としての長男は仙人で、従って不死のはず。そこで、

・蟾蜍と兎
・桂と桂男

の二組のセットは、いずれも土気と木気の組合せであって、共に月の盈虚の原理の説明を目的とする伝承としてうけとられる。

＊　＊　＊

前《さき》の引用の中に、「月は闕《げつけつ》なり」とあったように、月とは欠けるもの、欠けるものが月である、とされ、それが月の名の起源とさえなっているのである。それほど重大な「欠け」ではあるが、それと同時に満ちること、即ち復元もまた重大な月の特性であるから、この盈虚の因果関係が探求されないはずはなく、それが五行の法則の中に求められ、この土剋水、木剋土、の法則の具象化が、蟾蜍と兎、桂と桂男の伝承となって定着し、中国を中心に汎く近隣諸国に伝播したと考えられる。

〔註〕

蟾蜍が土気である理由

五行では生物を「鱗・羽・倮・毛・介」の五種に分ける。その中で、鱗も、羽も、毛も、貝殻も持たない生物は、土と同様にツルツルの裸（倮）と考えられ、これを土気に配当する。この分類に従えば人間も蛙も共通して裸なので、蛙も人と同じく土気なのである。「鳥獣戯画」の中で、蛙が活躍するのも、この故と思われる。

なお、土気を「裸」と考える根拠は、天には光も熱も雨もすべて在るのに対し、地には何もない。天は「有」、地は「無」と考える思想に基づくと思われる。地は天から施されるものを受け入れて、これを生成化育するが、本来は「無」であるという思想がある。実際には、土中に金属はじめいろいろのものが存在するのであるが、天に対するときには「無」とする。

6　日本の月と兎

月面にみられる凹凸が兎が杵で何かを搗《つ》いているようにも見えるので、中国には「月には薬草を舂く兎」という伝承もある。これは蟾蜍とセットの兎とは全く別のものでこの兎は単独である。

薬草を舂く兎の伝承の背後にあるものは、木気の正位にあって植物全般を統べる「卯」であって、恐らくそれ故に薬を舂くことになったのではなかろうか。日本では望月《もちづき》の連想から、薬ではなく「餅《もち》」をつく兎になっている。

仏教説話では老人に化けた帝釈天が猿・狐・兎のところに来て食を乞うた。猿と狐は木実や魚をとって来たが、何も出来なかった兎は火中に身を投じて帝釈天をもてなした。神はそれを憐れみ、これを月中に甦《よみがえ》らせたという。

月と兎の関係はこのように深いが、月面の影が何か兎を連想させるという以外に、その究極的な理由は、五行の理と思われる。水気の大元の月が、これもまた木気の大元の兎を「水生木」の理で生みつづける。即ち兎の母なのである。それ故に月を背に波間からとびはねる兎のデザインは、古来、工芸品の中に数多く見られ、漆の手箱や硯箱、或いは絵馬、紋章等、広範囲に亘って応用されている。

稲羽の白兎伝説も五行の法則における水と兎の関係の所産で、それが東南アジア地域の他の神話の一部などと結びついた可能性も考えられる。ワニの背を渡る兎の姿には、何か水中から躍り出るようなイメージが重ね合わされるからである。

其四　兎の木気と狐の土気を立証する中国古文献

おわりに「木気即兎」及び「土気即狐」を現実に立証する中国古文献を呈示する。

ここには、兎が木気で、狐が土気であること、そうして五行の法則通りに、土気の狐が兎を始め、種々の木気によって、死ぬほどの打撃を与えられる経緯が述べられている。

この文献はかつて日本の何人によっても引用されたことのないものであるが、兎及び狐を論ずるからには絶対不可欠の文献なのである。

「唐林景元者京兆人僑居雁門以騎射畋猟為己任郡守悦其能因募為衛門将嘗与其徒十数輩馳健馬執弓矢兵杖臂隼牽犬俱騁於田野間得麋鹿狐兎甚多由是郡守縦其所往不使親吏事嘗一日畋於郡城之高岡忽起一兎榛莽中景元鞭馬逐之僅十里余兎匿一墓穴景元下馬即命二卒守穴傍解鞍而憩忽聞墓中有語者曰吾命土也剋土者木日次於乙辰居卯二木俱王吾其死乎巳而咨嗟者久之又曰有自東而来者我将不免景元聞其語且異之因視穴中見一翁衣素衣髯白而長手執一軸書前有死鳥鵲甚多景元即問之其人驚曰果然禍我者且至矣即詬罵景元黙而計之曰此穴甚小而翁居其中豈非鬼乎不然是盗而匿此即毀其穴翁遂化為老狐帖然俯地景元因射之而斃視其所執之書点画其異似梵書而非梵字用素縑為幅僅数十尺景元焚之」

（『宣室志』）

（要旨）　「唐の林景元は京兆の人。かつて雁門に仮住居していたが、よく馬を駆り弓矢を射て猟することが得意であった。その特技の故に郡の大守から召し出され、衛府の将となった。ある日、城外の丘に猟し、一匹の兎をみて、これを狩り立てたところ、兎はとある墓穴の中にかくれてしまった。景元は馬を下り、部下に穴を見張らせて、自分は鞍を解いて休息していると、突然、墓の中から声がした。それはこんな風にきこえた。『私の性命は土気だが、この土気を剋するものは木気だ。日でいえば今日は乙《きのと》（木の弟）、月でいえば卯の月に当る。乙も卯も共に木気で、この二つは共に木剋土の理で私を剋するものである。とうとう自分にも死期がやってきたか』といって長嘆息をしている。さらに語をついで『その上、今日はまた、東（木気の方位）からちん入してくる奴まである（兎も木気の象徴）。こう木気が重なっては今日こそ死を免かれることは出来なかろう』という。景元が怪しんでのぞくと、穴の中に巻物を手にした白衣白髯の一老翁がおり、その前に死鳥が夥しく、とりわけ鵲《かささぎ》がむくろが山をなしている。景元が声をかけると、老翁はおどろいて、『案の定、禍いがやってきた』といって呪詛する風である。景元は相手の様子をうかがうことしばし、やがて『こんな小さな穴の中にいるのは鬼か、さもなければここに何かかくしている盗人に違いない』というやいなや、穴をつき崩してしまった。老翁はついに本性を現わして一匹の老狐となり、ぐったりと地に俯した。景元はこれを射止めたが、老狐の手にしていた書物をみると、その字は梵字には似ながら梵字ではなく、白絹に書かれていた。景元はこれを焚き捨てたのである。」

其五　雪兎

「雪で兎の形をつくり、盆の上などにおいて、譲葉《ゆずりは》を耳とし、南天の実を眼としたもの。」

（『広辞苑』）

雪が降ると昔の子供はこの説明にある通りに盆の上に兎を拵えた。但し都会では正月でもなければ、譲葉はなかなか手に入らなかったから南天の葉で間に合わせた。

雪兎の作り方は簡単である。下の方は楕円形にし、上の方はそれを尖らせるように山形に雪を叩いて行けば出来上がる。誰にも作れる簡単なものではあるが、恐らくこれもまた、「卯」の負う法則の具体化であって、春を待つ人々にとって一つの呪物だったと思われる。

- 雪の白色…………冬・水気
- 譲葉の青色………春・木気

・その葉柄の赤色……夏・火気
・南天の実の赤色……夏・火気

雪兎を、このように分析すると、この兎は小さいながら、冬から春へ、春から夏へと一年の「陽」の軌《みち》を一身に負う季節の転換呪物である。

旧二月を別名、雪解月という。庭に降り積む雪をとって来て盆の上に兎をつくって遊ぶ子供には、雪そのものが嬉しかったに相違ない。しかし、それは「卯」の負う法則を知り、雪解の春の到来を祈る先人達によって案出された季節の転換呪物だったのではなかろうか。

(二) 三合の「卯」

推理省略。

(三) 支合の「卯」

推理省略。

㈣ 易と「卯」

二月の易の卦は、䷡「雷天大壮《らいてんたいそう》」、十二支では正月の「寅月《とらのつき》」をうけて、「卯月《うのつき》」である。「雷天大壮」とは、上卦が☳、つまり「雷」で、下卦が☰、「天」。これは天上に雷がとどろく。あるいは強大な天の上に、震動する雷があり、要するに壮《さか》んな「陽」の気の進出を象徴する卦である。卦名の「大壮」も正にそのような強壮の陽気に由来する。

雷天大壮《らいてんたいそう》

旧二月中頃は「春分」に当り、春分以降は昼の方が夜より長くなるから、太陽の光そのものからみても、正にこの卦の形、䷡となるわけであって、陽の気が日に日に増殖してゆく有様を示している。

卯月の「卯」は、木気方局、木気三合、易の卦のいずれからみても、正に春たけなわ、仲春の農事においてもっとも大切な季《とき》で、祈年祭の如き、最重要な祭りも、この月に行われるのである。

辰《たつ》

動物……竜

意義……「辰は蜄なり」（『史記』）蜄は振で動く意。「辰は震なり。三月陽気動き、雷電震う。民の農事なり。物皆生ず」（『説文』）

「辰」とは春の陽気が一段と盛んになり万物振起するの意。「辰」の字にはこのほか、「日取り」「とき」「あさ」「ほし」「北極星」「天子」の意がある。

㈠　五行の「辰」

土気としての「辰」

木気の終りとしての「辰」

十二支……第五位

方位……東南東三〇度の間

月……三月

時……午前七時より午前九時まで

季節……季春　三月清明より四月立夏の前日まで

㈡　三合の「辰」

申……生

子……旺　申・子・辰の三支は合して「水」と化す

辰……墓

㈢　支合の「辰」

子丑……土
亥寅……木
戌卯……火
辰酉……金
巳申……水
午未……土

辰・酉の二支は合して「金」と化す

㈣　易と「辰」

辰月　消長卦　䷪沢天夬《たくてんかい》

㈠ 五行の「辰」——土気としての「辰」……（農時・民時・天時）
木気の終りとしての「辰」

「辰」の第一義は「振」「震」である。地上においては春の陽気が一段と盛んになり、物皆伸舒《しんじょ》して出て来るとき、天上では雷が振動するときである。

方位は東南、時間は午前七時から午前九時、季節は三月清明から四月立夏まで。つまり方位・時間、そのいずれからみても明るい象、ものみな一斉に振い立つ事象が「辰」である。

「辰」とは星でいえば北極星、即ち、北辰を指し、季節の星、「房星」の名でもある。

房星は東方七宿の一、房宿の宗主で東方の守護神、蒼竜の本体である。三月、天上に高く出る房星を仰いで人は農耕に励む。房星は農事の神なので、房星を指す意「辰」の月は農時・天時である。

持統六年（六九二）三月、天皇伊勢神郡巡行に際して、中納言三輪高市麻呂は職を賭《と》して忠諫している。その理由は辰月の農時に百姓への労《いた》わりがないということである。真の理由か否かは別としても、それが反対理由として通用していたことは、辰月が農時・民時としていかに重視されていたかを裏書きするものである。

また辰月はその立夏前の十八日間は土気に配当されたが、土気の本性は「稼穡《かしょく》」。これは種蒔と収穫の意である。辰月にはこの土用が含まれる故、木気と土気を兼ね、三合の法則を加えれば水気でもあるので、折柄の陽気に加え、農時・民時としてもっとも推重されたのであった。

(二) 三合の「辰」

1 曲水の宴

「昔、文人等が三月三日に曲折した水流に盃を浮べて、その盃が己の前を過ぎない間に詩を賦し、その盃を取って、酒を飲んだ風流の遊び。晋の王羲之が永和九年三月三日に文人を会稽山陰の蘭亭に集めて、この事を行ったことに始まるともいい、周公が洛邑にて流水に酒を浮べたのに本づくともいう。」

(『大漢和辞典』)

曲水の宴は中国に始まり、三月上巳日《じょうしのひ》の行事だったものが、後に三月三日になったという。日本に伝来し禁中で行われた。

曲水宴の由来の理論的解説は何処にも見当たらないが、本来、屋内、殿上の遊びのはずのものが、辰月に水辺において行われるについては当然、そこに何らかの根拠があるに相違ない。その鍵となるものは「辰」の負う三合の法則と思われる。

三合の理によれば「辰」は水の終り、「水墓」である。水の本性は潤下、下へ下へと行く。それは火の本性の炎上、上へ上へと行くのに相対である。

その下へ下へと行く水の象を、人の行動に移して具体化すれば、それはまず何を措いても水辺に降り立って行くことになろう。

宇宙の最重要な法則を「循環」とすれば、ものごとはすべて終りあっての始めであって、終りを明らかにすることによって、再び始めに復し得られるのである。

「潤下」の水の象を、人間もこれを我身に執って水墓の辰月に水辺に降り立つ、それが水を送る何よりの呪術と考えられたのである。

一方、「辰月巳日」は竜蛇におきかえられる日取りであるが、竜蛇はともに水に深い関わりをもつ生物である。

行事とはすべてその時々に似つかわしいことをして時の正常な推移を促し、それを期待するものである以上、あらゆる面からみて水一色のこのときに当たり、園池の畔《ほと》りに降り、曲水に沿って坐し、盃を浮べて詩を賦し、飲酒するのは正に時宜にかなった行事である。

なお曲水とは古昔、蛇行する竜蛇の形を模してつくられた王侯貴族のもっとも贅沢な園池であり、また詩を賦してこれを文字に書くこと、即ち、「記書」とは水気に還元される事象である。

呪術は常にいくつもの層から成るものであるが、曲水宴の場合もその例外ではなく、それを窺わせるものの一つである。

2　浜降り・磯遊び・流し雛

曲水宴を「辰」の負う法則の実践とみなして推理したが、その同一原理によるものと推測される日本の民俗に「浜降り」、「磯遊び」、「流し雛」、等がある。

以上はいずれも三月上巳《じょうし》、或いは三月三日の行事で、「浜降り」、「磯遊び」は共に水辺に出て河原に莚を敷き、会食して一日を楽しく遊びくらす行事のことである。これを「三月場《さんがっぱ》」というところもあり、川や海辺と反対に山に登る地方もある。山とは高処。高処は火の象徴なので、陰陽のバランスをはかってのことであろうか。水の辰月に、高処の火を配するわけである。或いは辰月の易卦、「沢天夬《たくてんかい》」の象をとるものとも思われる。

「流し雛」は三月節供に竹や紙、或いは土でつくった粗末な人形を川に流す行事で、後代になって精巧な雛人形がつくられるまでは年毎に流していたといわれる。今も鳥取県用瀬《もちがせ》では、祭りの終った時点で、桟俵《さんだら》に乗せて川に流す。いわゆる「流し雛」の古習がみられる。

日本民俗学はこれを「罪穢れをはらう禊《みそ》ぎの名残り」と解するが、私は神道の原点としてのミソギとは、「身殺《みそ》ぎ」或いは「身削《みそ》ぎ」であって、祖神の蛇の脱皮の擬《もど》き、と考える。そこに更に「辰」の水墓としての法則も習合して水辺の行事が成立したと推測しているが、これら一連の辰月の行事については既刊の拙著『五行循環』『陰陽五行と日本の民俗』（いずれも人文書院刊）等で触れているので参照して頂ければ幸いである。

(三) 支合の「辰」

1 初酉

十二支の各支は互いに結びつく相手の支があって、その結合は化して新たな木火土金水の五気を生じるが、その結合は次表の通り。

子・丑……↓土気
寅・亥……↓木気
卯・戌……↓火気
辰・酉……↓金気……辰月初酉行事
巳・申……↓水気
午・未……↓土気

「辰」は「酉」と合して「金気」と化する。金気は木火土金水の中、もっとも堅固で永遠の象徴である。それ故、日本神話でも天孫ニニギは石長姫《いわながひめ》（金気象徴）を措《お》いて、木花咲耶姫（木気象徴）を選んだがために死なねばならぬ宿命を負うことになった、と説かれている。

「辰酉」の合が、永遠を象徴する金気と化するとすれば、「辰月酉日」は長命呪術の上から見逃すことの出来ない日取りと私どもの祖先達は考えた。それが次に述べる長寿呪術の「初酉」である。

初酉の高山登り

「初酉の高山登り」は、三月初酉日《はつとりのひ》の行事である。これは単に「初酉」ともいい、また「初酉の祝」ともいう。福島県地方に多く、宮城・山形県にもある。

①「ハットリ。三月酉日に、花の下で酒を飲めば長命するといって、福島県下では明治中期に流行したという。現在でも初酉といって、磐城地方では三月最初の酉の日に、高い山に上って甘酒など飲んで遊ぶ。こうすると一年中病気しない。」

②「ハットリイワイ。三月初酉日、福島県石川郡では、酒肴を携えて近くの山に登り、酒宴をする。……」

（以上の二例は『綜合日本民俗語彙』より。傍点引用者）

③「三月最初の酉の日、高い山に登って甘酒などのみ山神にも上げる。これはつまり酒食を携えての遊山であり、それによって一年中病気しないとか、とくに中風にならぬという信仰があった。」

（和田文夫『いわきの民俗』傍点引用者）

初酉の祝いの要点

日時……三月初酉日、つまり辰月酉日、である。

方法……高い山に登って、飲食を楽しむ。

効果……長命・無病・中風にかからない、願事達成。

初酉祝いの検討

この行事の日取りは、辰月酉日。つまり、辰・酉の支合を意味している。辰・酉の支合は化して「金気」となるからこの行事の事象には、「金気」がいろいろの象《かたち》で現れるはずである。

木火土金水の五気のうち、もっとも堅固なものは金気である。金気は「乾《けん》」で「天」であるが、この乾は堅・健に通じ、それを人の生命にとって考えれば、健康・長命ということになる。

「九星」において、金気は、六白金気と七赤金気となり、易の卦では六白は「乾」、七赤は「兌」である。

「乾」の六白金気は方位は西北、高山・健・堅。「兌」の七赤金気は方位は酉、金属・悦・食・財宝などを象徴する。

初酉を祝う意味

そこでこの辰月酉日の行事の意図するところは自ら明らかである。

高い山に登ることも、飲食悦楽もすべて六白金気・七赤金気の象徴する事象であって、それらを実践すれば、自然に金気を自身の内に取り込むことが出来る。

六白金気のもつ最重要の意味は、「乾」即ち「天」であるが、天の運行は一刻の休みもなく、

『易』にいう「天行健《てんこうけん》」である。

金気象徴の高山に登り、飲食を楽しめば、この現実的な金気の実践・履行によって、金気の有する「健」も、「堅固な生命力」も「長寿」も、自然に期待出来るのである。

2　鶏合せ

古昔、三月三日の禁中行事に「鶏合せ」即ち「闘鶏」があった。

この日取りは「辰月における鶏合せ」である。「鶏」即「酉」なので、これはやはり形を変えた、「辰酉行事」として受け取られる。

鶏は一年中、何日何処でも入手出来るありふれた生物である。それが三月三日、即ち辰月の行事ということはその背後に何か呪術がかんじられる。それを裏書きするようにその由来は、元々《もともと》、幼い皇子、公達《きんだち》のためのものであった。

「幼主の時、小鳥合せ並びに鶏闘は常の事なり。仔細定めの様なし、……此の如き興遊、幼主御時の事か」（『禁秘御抄』下）

「三月三日……闘鶏の事、指事を知らず、禁秘抄に幼主時常の事なりとあり、洞中にても童体宮々あるときならば、ご沙汰あり。この外、指事たることなし」（『洞中年中行事三月』）

「長享三年三月三日辛酉、今日内裏闘鶏停止、諒闇に依つてなり。例に於ては勘知せず。准として例の有無に依らず。停止しかるべきの由、先日、予、計り申すところなり。凡そ闘鶏の事、幼主の儀なり。云々」

（『宣胤御記』）

〔要　約〕

「幼い天皇、皇子たちがおられるとき闘鶏が行われるのは常のことである。この御遊びの由来は、古来、格別の指示はないが、仙洞御所内でも幼い宮たちがおられる時に行われる。

長享三年（一四八九）三月三日は諒闇で内裏の闘鶏は中止された。しかしこれは元来、幼主の時の儀式なので、先例など持出すにも及ばず、中止されて構わないものである。」

「鶏合せ」と幼主

幼児に対する唯一絶対の願いは、昔も今もその無事の成長である。とすれば、幼児のための「辰月鶏合せ」とは「辰酉の支合」の金気の効果を狙っての呪術と考えられる。前述のように鶏は極めてありふれた生物で、格別の理由さえなければ、それを主役とする遊びごとなど、何も辰月に限ったことではないはずである。しかし、この呪術はその当初から「辰酉の支合」という根本義が当事者達にさえ余り知られずに推移し、後には幼主のためのものということさえ忘れ去られ、ただ辰月の行事として定着して行われたことが、諸資料の語句の端々からも窺われるのである。

㈣　易と「辰」

三月の卦は、䷪、「沢天夬《たくてんかい》」、十二支では、「辰月《たつのつき》」である。

「沢天夬」は上卦が☱（沢）で、下卦が☰（天）である。「沢」とは水の集合を意味するから、この卦の象はその水の集まりが極めて高い処にあることを示している。

「夬《かい》」は「決」と同じ意味があり、物を裂く、或いは物が裂け破れるということである。

沢天夬《たくてんかい》

高い処に上った水は、容易に決潰《けっかい》して溢れ、下に降る。そうして地上の万物は、その水によって大いに潤《うるお》うのである。

これを政治的にみれば、天子の恩沢が下に及んで、万民がそれに浴するという象として受け取られる。

或いは陽爻を君子、陰爻を奸悪な小人とすれば、この卦はよい勢力が盛んになって、悪いものを追いつめて窮地に立たせている、という見方も出来る。

またこの卦を一年の陽気の消長からみれば、日ざしが来るべき盛陽の巳月《みのつき》に向っていよいよ伸長し、春から夏への季節の転換期に当っている、とみられるのである。

竜

㈠　竜の特異性

十二支の「辰」は動物に宛《あ》てれば、「竜」であるが、この竜は十二支のなかでただ一つ実在しない獣として知られる。麒麟・鳳凰・霊亀と共に四霊の一で、全身鱗で蔽《おお》われ、角《つの》をもち、鋭い爪をそなえ、幽明変化測られずという想像上の獣である。

竜が「実在しない唯一の生物」ということと「何故、辰が竜なのか」の二点は、竜に関わる最大の課題であるが、この二点の解明は、結局、竜そのものの謎解きとなる。

㈡　『説文』の定義と竜

竜の推理のもっとも有効なものは『説文』の定義である。

「竜、鱗虫の長。能幽能明、能細能巨、能短能長、春分而登レ天、秋分而潜レ淵。……」

つまり竜は一切の鱗を有するもの、即ち爬虫類及び魚族の祖で、その存在は幽明の境を問わず、時により処によって大小・長短・自由無碍《じゆうむげ》で、春分には天に登り、秋分には淵に潜む、というのである。

この定義は極めて簡単なものではあるが、よくみると二つの部分から成り立っていることに気付く。しかもこの分類は非常に重大なので、竜の推理は『説文』のこの二つの分類に基づいてなされなければならない。その一つ一つについて考究することが肝要でこの方法を欠いては竜の推理は困難と思われる。

この『説文』の竜の定義は、

(1) 鱗族の宗主

(2) その二元性

ということなので、この観点から推理したい。

(三) 鱗族の宗主・恐竜

『説文』によれば竜は爬虫類・魚類等、鱗をもつ生物の祖ということであるが、あらゆる生物の祖と考えられる場合もあって、例えば、『淮南子』(淮南王 劉安撰・紀元前一四〇年)には次のような記述がある。

・飛竜……羽虫（鳥）
・応竜……毛虫（獣）
・蛟竜……鱗虫（魚）
・先竜……介虫（貝介）

竜は直接的には鱗族の祖であるが、それに限らず、竜、即ち爬虫類こそ要するに地球上の生物の祖ということになろう。

カール・セーガン『エデンの恐竜——知能の源流をたずねて——』によれば、

「人類は生物進化の最終段階にいるが、そうした人間の脳の中には、当然、その進化途上の各段階の生物であった時の部分もくみ込まれている。即ちR（爬虫類）複合体とよばれる脳の一番奥の部分は恐竜の脳の働きをしている。それを取まく大脳縁辺系は、哺乳類の祖先との共有であり、更に外側の新皮質は霊長類としての人間の理性を掌る。人間が人間たり得ているのは、脳の八五パーセントを占めるこの新皮質のおかげであるが、しかもなお脳はこの三位一体で構成され、根本的には三者の力のバランスの上に成り立っている」

（傍線引用者）

という。つまり人間の脳の中には明らかに恐竜という古代生物が生きているのである。まことにショッキングなことではあるが、動かし得ない事実であって、セーガンは「竜（爬虫類）をこわがるとき、われわれは自分の一部をこわがっているのだろうか」と問いかけている。鱗族、即ち蛇その他の爬虫類に対して人類が懐きつづけて来た崇拝と嫌悪、あるいは畏怖は、私どもの最奥部に潜む恐竜に由来するのであろうか。それは人類をはじめ諸生物の遠祖であると同時に、もっとも恐ろしい敵でもあったのである。

蛇をはじめとする一群の爬虫類に接するとき、このように畏れとも嫌悪ともつかないある種の反応を人は覚えずにはいられない。このような反応は上述の理由によって一種の先天的反応と考えられ、億単位の進化の時間の彼方に厳然としてひかえている事実に由来する。

恐竜の脳の働きを自らの中に保有している人類は、それ自体が恐竜の生き証人である。これを内在する恐竜とすれば、恐竜の存在を外側から立証するものは、その化石である。

中国大陸には恐竜の化石も数多く残されている。当然、古代中国の人々の目にそれは触れる機会も多く、その結果、恐竜は彼らにとって今日の日本人などよりもはるかに身近なものであったに相違なく、その存在と絶滅についても我々の持たない情報を得ていたかも知れない。

或いはまた彼らの先天的直感によって、今日の科学の発達によって漸く知り得た人間の脳の最奥に恐竜の脳の一部が息づいている事実も既に知覚されていたとも考えられる。

『説文』の「竜」の定義の最初に据えられた「鱗族の長」は、簡潔そのものながら、その中には測り知られぬ古代人の深い知恵、感覚、洞察が潜んでいるように思われる。

竜の原型を恐竜とすれば、竜の謎も氷解する。即ち竜の謎の第一はそれが十二支中、唯一の非実在の生物ということであるが、それを恐竜とすれば億単位の時間の彼方において既に絶滅したものなので、当然実在はしない。しかしかつては確実に存在していた故に、十二支の中に数えられ、しかも最も重要な支である「辰」に習合されているのである。

この「辰」に竜が習合されている問題は、竜の第二の謎であり、同時にそれは『説文』の第二の定義、即ち竜の本質、及びその働きが、あらゆる意味で二元的相対であり、両面性であることにも関わってくる。

「竜」が何故「辰」で、何故、竜の本性の中に著しい相対性がみられるのか、これが次の課題であるが、これを推理するには、中国古代哲学の宇宙観の導入が必要と思われる。

(四) 古代中国哲学の宇宙観

古代中国人は世の始まりを唯一絶対の存在、「混沌」として把握した。これは根元的一大元気、即ち「気」であって、そのなかに全く性質の相反する「陽気」と「陰気」を内在させている。

この陰陽二気の顕在化が、「天」「地」であるが、その成立については次のように説かれている。即ち、清明の「陽」の気は先ず上昇して天となり、ついで重濁の「陰」の気は下降して地となった、というのである。

この陰陽二気の本性は全く相反するものではあるが、元来、根元の大元の気から派生したものなので根は一つ、同根である。

その結果、互いに往来し、交合して、万物を生ずるのである。従ってこの哲学は一元にして二元、二元にして一元の宇宙観であって、これを単純に一元思想、或いは二元思想というのは当らない。

「混沌」を根本とする陰陽二気は、同根にして且つ相反する性質故に、互いに牽《ひ》き合って相合し、交感交合して、そこから一切の生成の作用が動き出す。

(五) 古代中国哲学体現の「竜」

『説文』によれば「竜」の定義は二つ、つまり、

①鱗族、即ち爬虫類の祖、

②その作用、在り様、すべてにおいて二元的、

ということであった。

取分け、「春分における登天」と、「秋分における潜淵」は、「天地往来」「陰陽交替」を示すもので、これは一元にして二元の宇宙の本質・在り様・作用をさながら具象化するものである。

そこでこの『説文』の定義と、中国古代哲学である陰陽思想を総合すれば次の結論が導き出される。

古代中国人は途方もなく巨大な爬虫類・恐竜の化石から、これを「竜」として捉え、この竜に万物の祖型のイメージを付与した。

「竜」を「恐竜」とすれば、竜とは現在こそ存在しないが、かつては確実にこの地球上に存在し

たものである。しかし現実にはいない生物である以上、この生物に関するすべては、どこまでも想像の域を出ないはずである。たとえ何らかの事情で今日の私どもより或いはその情報は多かったにせよ、それは想像上の生物にすぎない。

しかし想像の世界は常に無限に拡がり、ふくらんで行く傾向を持つ。彼らにとってこの途方もなく巨大な化石を残している爬虫類は、世の始まりから存在する至高の霊物と推測された。

一方、彼らの宇宙観、即ち一元にして二元の陰陽思想は、目に見える世界と目に見えぬ世界、つまり抽象と具象の両界具有を以てはじめて完きものとする哲学故に、宇宙の把握に当っても、目にみえない宇宙と、その宇宙を体現するもの、或いはそれを象徴する物を求めてやまない性質を内在させている。

この場合、彼らのその欲求をみたすものは、彼らの想像力によって極度に理想化された絶対の霊物、即ち「竜」を措いては、他になかったのである。

くり返せば原初唯一絶対の存在、「混沌」という一大元気の象徴として古代中国人によって選ばれたもの、それが「竜」であった。

彼らは口にも筆にも容易に現し得ない宇宙の本体に関わる理念を、当時すでに絶滅してその存在を巨大な化石の形でのみ遺している恐竜に仮託し、これを「竜」と名づけたのであった。

宇宙の具象化である以上、竜即宇宙であって、竜は宇宙の法則をそのまま一身に負うことになる。そこで竜は幽と明の二つの境に在ることも可能。可能というより幽明二界に存在して、陰陽の交替の契機となり、大小・長短・変幻自在の神霊なのであった。

「竜即宇宙」は『説文』の竜に関する第二の定義、即ち竜におけるその本性の二元性、から容易に察知されるが、ここまで推理をすすめれば、十二支の「辰」に何故「竜」が配当されているか、その謎も次第に解けて来る。

前述のように「辰」は北極星を指し、この北極星は原初唯一絶対の存在の「混沌」、或いは易の「太極」の象徴である。この太極から陰陽の二大元気が派生するという陰陽思想は二元対立にして、しかもこの二元を一元に統一する哲学である。

『説文』の定義に従えば、「竜」の本質は、天地をその棲処とし、春秋二期に天地を往来し、巨大にして且つ微小、という二元性を有し、且つ竜はこの相対の二元を一にする絶対の統一体である。竜のこの本質は、そのまま辰のそれに通じるもので、十二支の「辰」が何故、「竜」であるのか、何故「辰」即「竜」なのか、その所以はここに求められるのではなかろうか。

(六) 易・乾卦と「竜」

「易」は宇宙間の一切の作用の説明に「竜」を選び、六十四卦の筆頭、「乾」卦において竜に仮託して宇宙の機能を説いている。

即ち「乾」卦は、

初九　潜竜勿レ用。

九二　見竜在レ田。
九四　或躍在レ淵。
九五　飛竜在レ天。
を経て、上九　亢竜有レ悔、に至る。

初九の「潜竜用いるべからず」の竜を単なる竜と解してはならない。竜は宇宙の大元の一大元気の象徴故、潜竜とは実はこの世における事柄の大小、軽重を問わず、総じてその時運の未だ至らぬ状態そのものを指す。

その時運は次第に上昇変化して、竜が淵を離れ、昇天し極盛に至るが如く、盛運を極めるものの、実はその時が非常に危険な境地であると説く。竜とは気の消長の具象化であるが、ここに竜が用いられる定義は深長で、古代中国人の竜に寄せる思いは易の中にもっともよく窺われるのである。

(七)　日本における「竜」

日本民俗においても、「竜」は大きな課題で各地の竜神信仰の様相は多彩である。

「竜神信仰。竜は古代中国における観念上の霊獣で、わが国の竜神信仰も中国の影響をうけていることは否《いな》めないが、その基体は、水神の表徴である蛇信仰にあったと考えられる。民間では竜神・竜王・竜宮などの言葉が用いられるが、いずれも竜信仰と結合して発生したものであろう。竜神は古くから水田耕作を基本的生業としたわが国では、その生産に不可欠な水を司る神として信仰され、農耕生産と結びついて民間に浸透した。雨乞いが竜神が棲むと考えられる淵、もしくは池沼で行われるのは、全国的な慣習である。水神としての竜神は雷神信仰とも結びつき、竜神はしばしば竜巻のときに天にのぼると考えられ、茨城県の北部では、水戸の雷神様から雨乞いの水をもらってくる。水田の農耕儀礼における蛇の登場は、わが国のみならず、ひろく東南アジアの各地にみられる。竜神は、一方漁業生産とも深くかかわり、海を生産その他の活動の場とする人々の間では竜神祭がひろく行われる。浦祭・磯祭・潮祭と呼ばれるものがそれで、この日、沖止めをする慣行もひろい。海上生活者の間で、金物を海に落とすことを禁忌にしているのは、鉄を嫌う蛇信仰が竜神信仰の基底にあることを思わせる伝承として興味ふかい。」

（大塚民俗学会編『日本民俗事典』）

前記資料では竜神は専ら水の神として、農耕・水産にたずさわる人々にとって必要不可欠の水を守る神、水神としてのみ扱われている。

もちろん、それは竜神信仰の重要な面であって、有名な源実朝の

時により過ぐれば民の嘆きなり八大竜王雨止め給へ

（『金槐和歌集』）

の歌からも察することが出来る。

しかし、より重要なことは日本においては「竜」は「蛇」と密接に結びつき、両者合体して「竜蛇」となり、この竜蛇は古社寺のかくされた祭神、本尊となり、取分け、民俗においては、祖霊として崇敬される。

出雲佐太大社旧十月二十五日の「お忌み祭り」の陰の主役、「竜蛇様」は年毎に出雲の浦に西北の風によって吹き寄せられる海蛇である。この蛇は「甑《こしき》立て」といって、トグロを巻いた円錐形の姿に整えられ、三宝に据えて、「竜蛇様御出現」と貼紙された拝殿の柱の元に祀られる。

佐太大社のご祭神は佐太大神とイザナミノ命であるが、この女祖先神の命日の祭りに祀られる海蛇は単なる蛇ではなく、祖霊としての「竜蛇様」であって、既に水の神以上の次元の高い神である。それであるからこそ、参詣の人々は、「今年も上られた」という安堵と畏敬の念を以て、柏手をうって拝むのである。

祖霊としての「竜」は次に挙げる中部地方の荒神神楽の「竜」に、より判然《はっきり》とみることが出来る。

1　荒神神楽《こうじんかぐら》における祖霊としての「竜」

広島・島根県地方に伝承されている「荒神神楽」は、死後三十三年経た霊を、祖霊「本山《もとやま》荒神」に加入させる儀式である。そのために昔は、新たに「神殿《こうどの》」が設けられたが、いまは頭屋《とうや》の家屋の一部がそのままあてられていることが多い。その祖霊、本山荒神の所在地はだいたい、先祖の墓地である。

四日四夜を通して行われるこの祭りの主役は、もちろん死後三十三年を経た死霊で、三十三年を経ながらなお祖霊の荒神に対しては新霊とされている。
　この新霊は五メートルにおよぶ藁蛇の形をとっていて、祭りのなかでは「竜《たつ》」と称せられている。四日目の早朝、この巨大な竜を、神役《しんやく》たちが神殿から担《かつ》ぎ出し、「荒神の宮」に仮定されている門田のなかに押しこむのが「竜押し」である。要するに「竜押し」は、新霊を祖霊に合体させる儀式であって、儀式である以上、おいそれと事は簡単には運ばない。しめ縄をはりめぐらせた田圃《たんぼ》のなかは、前述のように荒神の宮、つまり祖霊のいる他界に見立てられているが、この田圃のなかにいる荒神（じつは荒神に扮した神職たち）は、すぐにはこの新霊を迎え入れようとはせず、この荒神と新霊の蛇を担《かつ》いだ人びと（新霊の代弁者たち）との間には、つぎのようにはげしい問答がくり返される。このばあい、「外」とあるのは新霊、「内」は荒神である。

外「国遠く雲井遙かにへだたりてわが来にけるは神垣の内」「案内申す宮の内仔細《しさい》たづぬる神殿の内」

内「扨《さて》も不思議なるかなや。今朝の夜の明け方に丑寅口《うしとらぐち》を見まゐらせ候へば、さもすさまじき蛇体の姿にて、角のあたりを見給へば高山に古木の立ちたるが如くなり。眼《まなこ》のかかりを見給へば大磐《ばん》石に鏡を懸《か》けたるが如くなり、口のかかりを見給へば馬洗《ばせん》に朱をさしたるが如くなり。斯《かか》る姿にて案内《あんない》仔細《しさい》と宣ふは如何なる者にて候かな。」

外「さん候《そうろう》。かやうに申す候者《そうろうもの》は、山川大海を住家として衆生《しゅじょう》の苦しみを逃れたく候へ共その業もなし。山に千年住ひ候節は楠のかぶたと現じ、山神大王に宮仕へ候へ共鱗一つだに落つべきやうもなし。川に千年住ひ候節は海老の巣と現じ、水神午王に宮仕へ候へ共鱗一つだに落つべきやうもなし。此度○○名本山三宝荒神の三十三年御綱入れ大神事ありと承り、遙々参りて候が何卒神殿の内に入れ宮仕へ致させ給へやの。」

内「さればにて候。山に千年河に千年海に千年の齢を保ちたる行体《ぎょうたい》にてはるばる尋ね参り候のものなれば、本山荒神の由来を細《つぶ》さに語り候へ、然らば神殿の内に入れ申さん。」

外「されば仰には候へ共、素より蛇性の事なれば左様なることを委細に知るべきやうは候はねども、あらあら語り申さん。」

（牛尾三千夫《うしおみちお》『神がかりと芸能』講座日本の民俗所収　傍線引用者）

このあと四季の歌の応酬《おうしゅう》などあって、「新霊（藁蛇）はめでたく田圃のなかに入り、荒神勢を追って巻きつける。これが『竜押し』であるが、終わるとふたたび神殿《こうどの》に戻り、藁蛇を東西の柱に引き渡す。神役が出て太刀で大声を発して蛇の鱗打ちをし、蛇の上には白木綿《もめん》がおかれ、神柱《しんばしら》（託宣者）は修祓の後、ひとさし舞う。」

（同上書より要約・傍線引用者）

2　荒神神楽の要点

(1)死霊自身、「竜押し」の問答において、自らを「蛇性のものである」と規定している。

(2)死後、海山川にそれぞれ千年の劫《ごう》を経たが鱗一枚落ちず、つまり脱皮できず、うかばれないといって嘆いている。

(3)問答の末、許されてしめ縄の内、つまり荒神の宮に入り、荒神勢の神主を一人一人巻くのは祖霊との合一の暗示。祖霊もまた竜蛇神である。
(4)この合一の後、神殿に戻った藁蛇は、神役によって太刀《たち》で背を払われる。これが「鱗打《うろこう》ち」で、つまり新霊の脱皮である。
(5)「鱗打ち」が終わると藁蛇の上に白布がかけられる。それは脱皮新生した蛇の象徴と解釈される。その後の引用は省略したが、この新生した蛇によりかかって、神柱《しんばしら》という神役が神がかりして託宣するのである。

荒神神楽の「竜押し」には、竜蛇信仰の精髄が見られる。死霊は竜蛇であるが、脱皮してはじめて、つまり同じく竜蛇神としての荒神という祖霊に帰一した死者のみが、現世の子孫らに信号を送りえるのである。このように昇華した死霊は、祭りの後、祖霊のいる荒神の森の木に巻きつけられるが、荒神の森は先述のように、この世におけるいわば他界なのである。

要するに「日本の竜」は、「中国の竜」にみられるような高次元の竜、即ち宇宙原理の神霊化というほどのものではないにせよ、少なくとも人間の祖霊として扱われ、尊崇される。それは前述の荒神神楽にみられるように死後三十三年を経た死霊は、「竜」となって祖霊の森に鎮斎される状況からも十分に窺われるのである。

巳《み》

動物……蛇

意義……「四月陽気、已《すで》に出、陰気已《すで》に蔵《かく》れ、万物見《あらわ》れ文章を成す」（『説文』）

四月は陽気一色で、陰気は全くかくれ、万物が表面に現れ出るとき、蛇が地中から外に現れ出るときで、「巳」の字は、蛇が曲がって尾を垂れた姿に象るとする。

(一) 五行の「巳」

火気の始めとしての「巳」

十二支……第六位

方位……南南東三〇度の間

月……四月

時……午前九時より午前十一時まで

季節……孟夏　四月立夏より五月芒種の前日まで

(二) 三合の「巳」

巳……生

酉……旺　　巳・酉・丑の三支は合して「金」と化す

丑……墓

(三) 支合の「巳」

子丑……土
亥寅……木
戌卯……火
辰酉……金
巳申……水
午未……土

巳・申の二支は合して「水」と化す

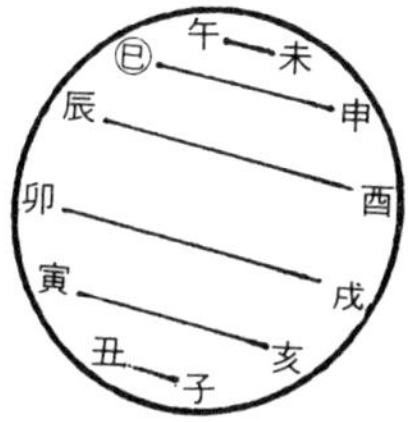

(四) 易と「巳」

巳月 消長卦 ☰ 乾《けん》為《い》天《てん》

㈠　五行の「巳」――火気の始めとしての「巳」

其一　日本原始蛇信仰

十二支の「巳」は、五行では「火」の始めで、動物では「蛇」が配当されている。「火」と「蛇」、この二つは日本人にとって、まことに深い因縁をもつ。深い因縁とは何故か。日本人は「山」に対して異常なまでの信仰心を持つが、火と蛇両者間の深い因縁の推理こそ、その解明につながり、ひいては日本人の古代以来、現代に至るまでの心象風景の謎解きにも及ぶと思われるので、まず日本の原始蛇信仰について次に記す。

1　原始蛇信仰とその推移

世界各原始民族は蛇を祖先神として崇拝した。そのもっとも根源的な理由を私は次の三占にしぼって考えてきた。

1　外形が男根相似（生命の源）
2　脱皮による生命の更新（永遠の生命体）
3　一撃にして的を倒す毒の強さ（無敵の強さ）

エジプトにおこるといわれるこの蛇信仰は東西に延びて東はインド、極東、太平洋諸島を経て、アメリカ大陸に達し、この伝播《でんぱ》の道程に日本列島も含まれるから、日本に蛇信仰が顕著なのは当然のことである。

即ち日本の縄文中期祭祀土器は、生々《なまなま》しく活気に満ちた蛇の造型で満ち溢れ、土偶の女性神の頭部にはマムシそのものさえ、巻きつけられていて、ここにみられるのは、まさにむき出しの蛇信仰である。

これに対し次の弥生人の土器には、躍動する蛇の造型はここにはすでにみられない。しかし前述のように祖霊にまでたかめられている蛇が、この頃になって急にその神聖性を失ったとは思われないのである。私見によれば、弥生時代の蛇信仰は次のように変化する。つまりその第一は、祖霊の神格は保持しながらも、その一方、鼠の天敵としての蛇に対する新たな「稲の守護神、穀物神の神格」の付与である。

第６図　頭上にマムシを乗せた土偶
（縄文中期前半）

その第二は縄文人における直接的な蛇の表現は避けられ、蛇に相似のものを祖神に見立てる「見立て」ということの始まりである。

つまり縄文人と弥生人の生活手段の差と、知性の差とが、同じ蛇信仰でありながら両者の間に差異を生ずることになったので、前者を直接的とすれば、後者は間接的といえよう。

2 「見立て」について

弥生時代の蛇信仰が、祖霊プラス穀物神と二元化したことは非常に重大であるが、これについては既著の中で触れているので本稿では「見立て」について考察する。

弥生人はトグロを巻く蛇の姿を円錐型の山容に感じ、直立する樹木の姿には手足のない一本棒の蛇の形を連想し、ウネウネとはう草木の蔓には、伸び縮みする蛇の姿を重ね合わせた。つまり縄文のむき出しの祖神の表現から、「見立て」という、ある意味では間接的であっても、よりいっそう、自由闊達な想像の世界にその表現は移行していったのである。

「見立て」による彼らの信仰の究極にあるものは、前述のように円錐型の山、即ち神奈備山であった。これらの山の神はほとんど例外なく蛇神であり、その代表は三輪の神である。大和の空に秀麗な円錐型を描いてそびえる三輪山に、彼らはズッシリとトグロを巻いて坐る祖神の荘重な姿を重ね合わせたのであった。

其二 神奈備山《かんなびやま》考——原始蛇信仰と「巳」の習合

前述のように縄文時代の日本原始信仰では蛇は祖霊として信仰された。次の弥生の稲作時代になると、蛇は稲田や穀物倉を荒らす鼠の天敵故に、田の神、穀倉の神となる。そこで蛇神の「ウカ」

は「倉稲魂命《うかのみたまのみこと》」、即ち倉の稲を守る神と記されるに至るが、田の神、穀倉の神とは要するに穀物神ということである。また水の上も陸と同様に行く蛇は水の神としても崇められた。

祖霊にして且つ穀物神で水の神である蛇。これが縄文時代の蛇信仰の上に、新たに付加された蛇神の姿であり、神格であった。

こうして連想好き、擬《もど》き好き、見立て好きの彼らは、その回りを取り巻く自然の中に祖神の姿を求めて、これを信仰の対象とした。

しかしアジア大陸の東の果てに位置する列島には絶えず海彼からの夥しい渡来人の受入れが運命づけられていた。中でも当時の先進国古代中国の文物制度・思想哲学はその文字と共に恐らく六世紀には大量に列島内に導入されていたと思われる。それによって列島の諸般の事情は大きく様変わりし、素朴な蛇信仰も例外ではなく、変改をとげたに相違ない。

その結果、偶然というか、当然の成り行きというか、それは判然とはしないが、山に対する信仰においても両者は全く自然に溶け合ったのである。つまり山を祖霊として信仰することにおいて、両者は完全に一致するが、その習合の経緯を私は次のように考える。

①見立てを好む弥生人によって円錐型の山は祖神がトグロを巻く姿そのものとして信仰された。

②円錐型とは三角形である。

この世の事物事象のすべてを、木火土金水の五原素に還元・配当する古代中国哲学の五行思想が導入されると、三角形の円錐型の山に対し、新たな視点が加えられることになる。

③五原素の一つ、「火」とは「炎」であり、この炎は三角形を以て表現される。

④ここにおいてトグロを巻く祖神の姿として捉えられて来た円錐型の山は、同時に炎を象る「火の山」として眺められることにもなった。
⑤十二支の「巳」は動物では「蛇」。「巳」はまた火の方局の始め、火の始めである。
⑥円錐型の山は原始蛇信仰の祖神の蛇山であると同時に、火の始めを象る五行の「火の山」であり、また「巳山《みせん》」でもあった。
⑦五行において「土気」の最大のものは「山」であるが、同時に「火気」を象る最大のものは、三角形、即ち円錐型の山である。
⑧五行の配当によれば、人間は土気。土気の中でも至高の存在が人間である。
⑨五行の相生の法則の一つに「火生土」がある。土気を生み出すものは「火」。「火」は「土」の母である。即ちこの法則によれば人間の祖《おや》は火ということになる。
⑩人間の祖は神である。円錐型の山が地上最大の「火」を象るものであり、土気の人間を生み出す祖であるならば、その山は当然、「神の火の山」ということになろう。くり返せば、△（三角形）の火の象をもつ山は、人間を生み出す「祖霊の山」ということになる。
⑪この「神の火の山」は、「神奈備山」などと宛字されるが、「カンナビ」の「ナ」は、格助詞の「ノ」が転訛した「ナ」であって、神奈備山の原意は、従って「神火山《カミノヒヤマ》」である。
⑫原始蛇信仰においてトグロを巻く祖神の姿として信仰された円錐型の山は、五行導入後においても、前述の理由によって人間の祖霊として捉え直され、十二支においても「巳山《みせん》」といって信仰され直す。

＊　＊　＊

日本における最も代表的な円錐型の山は大和の三輪山であるが、その三輪山には、この山の主の大物主神が七巻半しておられる姿である、という古伝承が山麓の人びとの間に伝えられている。ここに窺われるのは、大神の姿に日々接しているという人びとの熱い宗教的情念である。

この古伝承の存在する一方、三輪山には夙《はや》く八世紀の『出雲国造神《いずもこくぞうかん》賀詞《よごと》』に、

「倭大物主命と御名はたたえて、大御和の神奈備に坐せ……」といって、五行の火を象っている山としての三輪山が述べられている。

この事例から、八世紀には既に三輪山には祖霊の蛇を象る山、と同時に、五行の火を象る故に祖霊の山、という二つの意識が込められていたことが実証される。

円錐型の山には、これを祖霊の姿と見做《みな》す原始蛇信仰が息ながく残存する一方、五行の理が導入されると、今度はこれを「火の山」と観じ、火を人祖とするその法則から、新たに祖霊の山として捉え直された結果、ここには新旧両儀の信仰が混在することになる。

「三輪山」はもちろん古儀による名称で、祖神が三重のトグロを巻く意、あるいは蛇の古語、「ハ」又は「ハハ」に敬称の「ミ」が冠せられた名称と解される。

「神奈備」（神名火、神南備）は、いうまでもなく新儀の名称であるが、一般に「神社の森、又は神の山の意」（『広辞苑』その他）と定義されている。

その定義で間違いはないが、それだけでは何故、「カンナビ」なのかの理由づけにはならない。

梢が高く、木立が生い茂る神社の森は、これを遠望すれば三角形であり、また円錐型の山が三角形と見做されたことは前述の通りである。要するに森にせよ山にせよ、三角形であればそれは炎の象を示すものであり、火の象徴なのである。「火生土」の理によって、火は人祖故、神として尊崇され、三角形の外観をもつ山や森は「神の火」即ち「カンナビ」といって、祖霊の「火」が鎮まるところとして信仰の対象となったと推測される。

「カンナビ」が何故、神の森や山であるのか、その理由づけは従来、何人によっても行われていないが、易・五行が全く忘れ去られている現状からすればそれはむしろ当然のことと思われる。

＊　＊　＊

「火」が人間を生み出す源である以上、「火」は産屋に深く関わり、山幸・海幸の誕生も、もえさかる産屋の火の中からである。

沖縄では今もなお、「火の神」は家の神であり、その祭祀は、女性の手に委ねられている。女性の陰《ほと》は「火処《ほと》」を語源とするが、これらはすべて、五行の法則に拠ることである。

㈡　三合の「巳」――「金」としての「巳」

其一　弁才天信仰

弁才天の祭日は旧暦の巳月巳日《みのつきみのひ》（現行は新暦四月）、月毎の縁日も巳日である。取り分け年初の初巳は平生の巳日にまして弁才天を祀る各社は参詣人で賑わうが、中でも、鎌倉の銭洗《ぜにあらい》弁天の人出はまた格別である。

この銭洗弁天の由緒について社伝は要約、次のように記している。

「寿永二年（一一八三年）、鎌倉幕府を開いた源頼朝は、ながい戦乱による国民の疲弊救済を念願して、日夜、神仏の加護を祈ったところ、文治元年（一一八五年）の巳月巳日（旧四月）、かくれ里の主と名のる宇賀神が、老翁の姿でその夢枕にたち、ここから西北の仙郷に湧水があり、この水で神仏を祀るようにとお告げがあった。頼朝はその教えに従って湧水を見出し、ここに岩窟を掘り宇賀神を祀り、この水によって神仏の供養をつづけると国土安穏、民生も豊かになった。それがこの泉のおこりという。

その後、正嘉元年（一二五七年）巳年仲秋、執権北条長時も頼朝の志をついでかくれ里の福神を信仰し、ことに「辛巳《かのとみ》」の日の参詣を人にすすめた。以来、弁才天の信仰者が銭と共にこの水で身心をきよめて一家繁栄、子孫長久を祈るようになり、七百余年間、この泉の水は鎌倉五名水の一として天下にひろく知れ渡ることになった。」

この銭洗弁天社由緒記を全面的に信頼することは出来ないが、注目されることはこの社の創始、或いはその祭祀・信仰の面における年月日に、十二支の「巳」がしきりに顔を出していることである。たとえこの由緒が後代の創作によるものであったとしても、問題は何故、この「巳」があらゆる場面に登場するか、である。十二支の巳は「蛇」のことであるから、この巳の登場の異様な頻度は、弁天即蛇という結論を導き出す。

またこの社伝には重要記事として宇賀神の顕現が述べられている。「ウカ」は日本人にとって蛇のことであるから、この宇賀神の登場もまた弁天即蛇を示唆するものである。

そこでこの社伝を弁才天探究の一つの糸口とするとき、考えるべきことはおよそ次の五つの点にしぼられよう。
1　弁才天の本質。
2　異国の神とすればその発祥と日本伝来の径路。
3　日本における弁才天信仰状況。
4　弁才天と宇賀神、或いは蛇神との習合。
5　弁才天と蛇神習合の理由。
日本三大弁天の一つ、近江・竹生島の弁天も湖の主、即ち蛇神であるとされ、弁天と蛇との関係は、祭神そのもの、或いはその神使として相即不離の間柄である。何故、弁天即蛇なのか、その理由づけは今日に至るまで必ずしも明白ではない。

本稿の目的は第五に挙げた弁天と蛇の習合理由であるが、この問題解明の鍵になるものを陰陽五行の理に求めて推理するわけである。

1 弁才天と金光明経（言語の神霊化としての弁才天）

『金光明経』は仏教行事の中心をなす重要な経典であるが、この経はまた弁才天を説く唯一の経でもあって、弁才天はこの経の信者の守護神という立場にある。従ってその本願はこの経の「大弁才天女品」第十五の冒頭にまず示されている。即ち弁才天は、

「この経を説く仏者に対して、その智慧を増し、弁舌を荘重にしてよくその意をつくさせ、経の文言字句はこれをよく記憶して忘れることなく、悟りに至らしめる。云々」とみえ、要するに弁財天の神格とは、いわば「言辞の神霊化」であって、『金光明経』の中に、護国の四天王、攘災授福の吉祥天女に並んで、言語の神霊、弁財天が重要な位置を占めていることは注目に値する。その第一義は何処までも智慧・弁才をもって、この『金光明経』の徳を弘通《ぐつう》するということにあるわけである。

2 福神としての弁才天

弁才天の本地はインドで、その梵名、サラスヴァティは河を掌《つかさ》どる神、河神であるという。河神・水神は熱帯においては特に穀物神・豊穣神に容易に転訛するから、この神も豊穣を司ることになるが、後に三転して言語・智慧の神、ヴァーチュと習合し、弁舌・知識・伎芸・学問・財宝

第７図　弁才天座像

の神へと、その地位を向上させて行く。水の流れの響きは音楽として捉えられ、さわやかな流水は美しい言葉にたとえられる。従って、水神・サラスヴァティと言語智慧の神・ヴァーチュとの習合はきわめて自然であり、この習合の結果、サラスヴァティは、言語・学問・音楽・伎芸の神となり、その名も、そのものずばり、「弁才天」となる。さらに「才」と「財」の音通によるせいか、「弁財天」がより一般的な呼称となって福神の神格が日本ではことに強くなるが、そのはじめの河神、音楽神、言語神であることは記憶され、水の畔りに、琵琶を手にした姿で祀られるわけである。

インドの古い河の神の信仰から生れた弁才天が、ヴァーチュとの習合など、紆余曲折を経て、別の神格を有するに至る経緯は、大体前述の通りであるが、冒頭に述べたように日本では、弁才天といえば蛇、蛇といえば弁天様が連想されるほど、両者が相即不離の関係で信仰されている。その理由については今日に至るまで不明であるが、一般的に考えられているのは、強《し》いて挙げてみれば次のような点ではなかろうか。

つまり河神としての弁天は、陸上同様に自由に水上を渡る蛇と容易に結びつく。また、弁天と蛇は「福神」という点で共通点がある、などということである。

しかし日本人は情緒・感覚的である反面、意外に理を好み、その理によって裏付けされた権威を重んじるのである。この日本人の傾向から推して考えるとき、弁天と蛇神の習合の根拠として、以上の二点は迫力を欠くものではなかろうか。

千数百年の昔から明治に至るまで権威の源に据えられていたものは、隣国中国の古代哲学思想であり、陰陽五行の理であった。

その五行配当図に明らかのように、五気は色としては青・赤・黄・白・黒の五色となり、方位としては東・南・中央・西・北の五方、歳においては五時として春・夏・土用・秋・冬となり、あるいは五事として貌・視・思・言・聴となってあらわれる。

ところで、弁才天は河神から転じた言語・才能・財宝の神であるが、その名に冠せられている「弁」は正にそのものズバリ「言語」を指す。

五行配当表は横に読むことが大切であるが、弁舌の神、弁才天は、その「言」の本質からみて、木火土金水の五気のうちでは「金気」に属する神であることがわかる。

金気によって象徴される色は「白色」、時は実り豊かな「秋」、易の卦でみれば「兌《だ》」、つまり「悦《よろこ》び」で、財宝・食物を象徴する。

弁才天が、弁財天に移行したのは、その「言」から、金気の神、つまり「悦《よろこ》び・財宝・食物」の神として扱われた結果であろう。また弁才天の尊像が白色を以て造顕されるのは、図表で明らかなように金気が白色だからである。

こうして言語の神、弁才天の本質を日本人は金気として捉えたが、陰陽五行の理を応用するとき、次の段階ではこの金気の弁才天は、蛇と深く関わることになる。

前掲の五行配当表（九七頁第1表参照）の、十二支の項を見ると、金気に属する十二支は「申・酉・戌《いぬ》」の三支《さんし》である。

しかし金気に属する十二支は、この申酉戌だけではなく、もし「巳《み》・酉《とり》・丑《うし》」の三支が合することがあれば、この三支《さんし》もまたすべて金気に化するのである。その際、

最初の「巳」は金気の「生気《せいき》」

中央の「酉」は金気の「旺気《おうき》」

最後の「丑」は金気の「墓気《ぼき》」

となる。

金気の正位、或いは旺気は中央の「酉」ではあるが、その酉を生み出すものは生気の「巳」即ち「蛇」である。

金気を本質とする弁才天は、金気の正位、中央の「酉」に位《くらい》するはずである。そこで、三合の理を以てみるとき、弁才天を生み出すものは「巳」、つまり「蛇」なのである。

三合の理は、その旺気を含めば、二支だけでも成立するから、「酉」の正位を踏む弁才天は「巳」と合して、この二支は金気一色となり、一体化して、弁才天即蛇となる。

「巳」は金気を生み出す生気であるが、金気とは「金銀財宝」でもあるから、「巳」即ち蛇は弁才天同様、財宝神・福神となる。

しかし蛇はこのように陰陽五行の理によって福神となるばかりでなく、日本古代蛇信仰からいっ

ても福神である。それについては宇賀神の考察からはじめたい。

3　宇賀神について

稲作民俗としての日本人にとって、稲の大敵の鼠を捕食する蛇は田の神となり、また穀物倉に飼養されて、倉の神、即ち、倉稲魂神《うかのみたまのかみ》になったと思われる。この倉稲魂神がほかならぬ宇賀神と推測されるが、この「ウカ」は「ヌカ」と共に数多い蛇の古語の一つであろう。宇賀神は蛇神とされているが、蛇の古語が「ウカ」であればこそ宇賀神は蛇神であり得るわけである。

この、ウカノミタマ、即ち、宇賀神は、穀倉の稲を鼠害から守る神であるから、当然、福神となる。

・つまり蛇としてのウカノミタマ、即ち、宇賀神は、古代信仰における福神、
・弁才天は、陰陽五行でみるときは金気の神で福神、

であり、しかも三合の理という法則によって、蛇と同体の神である。同じくこの理により、蛇は陰陽五行においても福神である。弁才天と宇賀神は、「蛇」において一致し、「福神」としても一致する。

この「弁才天」と、「宇賀神」の習合が、いつ頃のことかは判然《はっきり》しない。しかし、鎌倉時代の成立という神道五部書の一つ、『豊受大神宮御鎮座本紀』に、「宇賀霊は大弁才天の子」と見え、また『弁才天三部経』に、宇賀神は弁才天と説かれている。さらに室町期の謡曲『竹生島』にも弁才天と竜神が結び合されているから、この両者の習合は鎌倉・室町期のことであろう。

何はともあれ、弁才天と宇賀神は習合し、一体となって今日に及んでいるのである。

くり返せば、陰陽五行によって金気の神とされた弁才天は福神であり、同時に三合の理によって、弁才天と蛇は緊密に結びつく。

けれどもこの習合をいやが上にも強固にしたのは、日本古代信仰における蛇の福神的性格である。古く蛇信仰の中に潜在していたその福神的性格との相乗作用によって、この習合はさらに密になったと思われる。

この習合の背後にある複雑な要素にまず目を向けるべきであって、一般に考えられているように蛇が単に福神だから弁才天と結びつく、というのではあまりに迫力に乏しい。福神同士だから結びつくには相違ないが、何故、両者が福神であるのか、それがまず問われなければならない、とするのである。

其二 「巳」（蛇）にまつわる俗信

「巳・酉・丑」の三支は合して金気となる。金気は金属・財宝・健康長寿を象徴するので、この金気三合の、「生・旺・墓」においてその最初の「生」に当たる「巳」、あるいは「蛇」は当然、それらを生み出す源と見做され、数多の俗信も生ずることになる。

- 巳の刻に生まれれば長命
- 巳年生れは金に不自由しない
- 蛇の夢は長生き

・蛇の夢をみると金を拾う
・蛇に身体をまかれた夢をみると、鉱山をみつける

（『秋田の迷信と俗信』より）

蛇の抜け殻が財布の中に蔵われるのは、たとえ他の理由があるにせよ、要はこの金気三合の法則に基づく呪術と考えられる。

(三) 支合の「巳」――「水」としての「巳」

この推理は省略。

(四) 易と「巳」

四月の卦は䷀、「乾為天《けんいてん》」。

「乾為天」とは、乾をもって天となす、一陰の影もない全陽であって、それは十月の䷁、全陰の「坤為地《こんいち》」、坤を地となす、に相対する。

古代は天動説だから休みなく活動し、天行は「健」、その体は「剛」とする。それに対し地は静止し、その徳は順、その体は「柔」なのである。

乾為天《けんいてん》

「乾」の卦の爻辞は、第三爻を除いては、すべて竜に托して説かれているが、竜とは要するに全能の神霊の造型であるから、乾卦は全能にして最強力者、宇宙根源の大元気の象徴である。従って、宇宙間に存在する万物に分ち与えられている陽気は、すべてこの大元の陽気の派生、一分派として説かれている。

十月、亥月に配当されているのは坤卦で、䷁全陰。この坤卦に対中するのが乾卦で、䷀全陽、である。陰陽五行は相対をもっとも重視し、「対中」する二者を、その本質、意義、作用において常に対照させる。坤卦が、「坤為地《こんいち》」ならば、乾卦は、「乾為天《けんいてん》」で、この卦は天である。天の特質は「有」。「有」とは多大、豊《ゆたか》、富《とみ》（『大漢和辞典』）を意味するが、この「有」は、正に坤卦の「無」に相対する。

坤卦の配当されている冬十月は万物凋落、枯死の神無月である。

乾卦の配当されている夏四月は万物極盛、盛大の「有」を意味するときである。

そこで「巳月」の行事とは、正にこの盛陽の卦の反映として捉えられるのではなかろうか。

午《うま》

動物……馬

意義……「午は陰陽交わる」（『史記』）

「五月には一陰、陽に逆らい地を冒して出づ。故に字を製して以てその形に象る」（『説文段注』）

「午は忤《さか》らうなり」（『淮南子』天文訓）

㈠ 五行の「午」

火気正位としての「午」

十二支……第七位

方位………正南三〇度の間

月…………五月

時…………午前十一時より午後一時まで

季節………仲夏　五月芒種より六月小暑の前日まで

㈡ 三合の「午」

火気三合の「午」	土気三合の「午」
寅……生	午……生
午……旺	戌……旺
戌……墓	寅……墓

寅・午・戌の三支は合して「火」と化す

(三) 支合の「午」

子丑……土
亥寅……木
戌卯……火
辰酉……金
巳申……水
午未……土

午・未の二支は合して「土」と化す

(四) 易と「午」

午月　消長卦　䷫天風姤《てんぷうこう》

(一) 五行の「午」――火気正位としての「午」

四月の「巳」は万物の生育が極盛に達し、陽気が定まるとき。この「巳」につぐ、「午」は極盛の陽気の中に一陰が萌し、陽気と陰気が相交《あいまじ》わる。即ち「牾《さからい》」の状態になることを指す。「子」から「巳」までの陽の軌が、ここに来て陰の軌に逆転する。「午」が「逆らう」、「そむく」、「まじわる」の意を含む所以である。

以上をまとめてみれば、「午」とは次の通り。

①火の正位。

②夏至を契機に、陽軌から陰軌への逆転。

③「陽」を火、「陰」を水と執れば、「午」は水の萠すところ。

(逆説のようであるが、「陰」(水)は「陽」(火)の中に生ずるので、馬が雨乞い、祈禱の呪物とされるのはこの理による。)

午月の行事は、当然、「午」の含むこの複雑性を反映し、到底、一律に解読することは不可能である。

「午」の祭り・行事も「日取り」その他、「午」がそのまま表面に出て来る場合、或いは「午」が現実の「馬」に仮託されて、その意味が表現されている場合など、「午」の複雑性さながら、内容外観ともに種々雑多である。

其一　多度《たど》大社の上馬神事

火の本性は「炎上」、「上《あが》ること」である。火の正位の午月に、「馬」と「上《あが》ること」が結びついている祭り・行事があれば、それはそのまま、この月の本領、「火」を象《かたど》るものとみなされるが、多度大社の上馬《あげうま》神事はその好例である。

＊　＊　＊

三重県桑名郡の多度にご鎮座の多度大社には、五月五日（現在は新暦五月五日）斎行の「上馬神事」が伝承されている。

その騎手は多度・小山等、六郷から撰ばれ、祭りの当日、この危険な神事に参加する。

「祭馬ノウチ特ニ優秀ナルヲ選ビテ馬場ニ出シ、騎手ヲ乗セテ放ツ。騎手、コレニ鞭ウテバ、狂奔シテ神前近キ石階ノ傍ラナル岩壁ノ如キ坂道ヲ登ル。過チテ墜落スレバ、綱ヲ以テ引キ上グ。先番上ゲ終ラザレバ、次番ハ行フ事ヲ得ズ」（神祇院『官国幣社特殊神事調』国書刊行会）

これは坂道といっても丈余の絶壁であって、それを人馬一体となって馳け登る凄愴な神事である。

・時……午月端午節供日
・事物……午（馬）、急坂（上り）

この神事の主役は馬、その内容は端午の節供日に、その「馬を上げること」である。これは正に、火の旺気の月における火の本性、「炎上」を象《かたど》る祭りであって、その意図は、大自然の五行循環にならって、人間の側もそれに従い、それを具体化することによって、それに参画し、むしろそれを促すことにある。

同様の原理による神事は、「競馬」などの名で、賀茂祭りにもみられるが、それは馬を南方（天を意味する）に向けて駈けさせるという程度のことで、これほど具体的ではない。しかし、これもまた五行の促しにほかならないのである。

其二　端午節供のチマキ

五月の節句には、チマキ・柏餅など、木の葉や笹の葉でくるんだ餅がつきものである。現在、東京その他、都市部のチマキは必ずしもその中身は餅ではないが、たとえ、それが外郎《ういろう》や葛《くず》であったとしても、その主原料が、「粉」であることにおいて変りはない。

しかもその形状はいずれも三角、或いは円錐型で、先端が尖っていることが共通である。

柳田国男は、端午における食物にみられるこのような特殊性にいち早く注目し、諸資料の中で次のように指摘している。

端午と食物

「マキモチ　端午の日に食ふ食物は餅で、之を木の葉草の葉で包んだもの、多いのを特色として居る。マキといふ言葉が最も弘く行はれ、チマキはその一種に過ぎぬことを明かにして居る。沖縄諸島の十二月八日の鬼餅と通じて、其形にも上尖りの定まつた方式が有るやうに思ふ。京都の近くでも丹後中郡などは、此日槲の葉や土器ばらの葉を以て、挽粉の餅を包んで蒸したものをかしは餅といひ、其外に笹の葉を以て巻いたものを蒸し、是を捲餅と呼んで居る（三重郷土誌）。」

（柳田国男『年中行事調査標目』傍線引用者）

端午食物の分析

1　チマキ・柏餅等の特徴

①端午とは「午月」。

②チマキ・柏餅など、いずれもその外皮には必ず草木の葉が用いられる。

③形状は三角、乃至円錐型で、先端が尖っている。

④内容、即ち主原料はすべて粉。その味は「甘い」こと。

2　チマキにみる火の三合の成立

①時………午月　火の旺気

②外皮……植物　（木気）……寅
③形状……尖型　炎型　（火気）……午　｝火気三合の成立
④内容……粉・甘味　（土気）……戌

端午の節供が近づくと都会でも笹や柏の葉でくるんだチマキや餅が一斉に店頭に現れる。新暦旧暦をとわず五月は一年中の好季節で青葉の候である。そこで木の葉の香り高い菓子が出揃うことに対して私どもは時に適ったこととして何の疑問もいだかず、ふしぎとも思わない。

しかしそれらは全国一様に、植物の葉にくるまれた甘いもので、形にも畧《ほぼ》きまりがあり、それをこの時季に日本人が一斉に口にするのである。

日本中の人が同時期に、同種の素材と形をもったものを口にすることは、呪術であり、その物は呪物であって、共にその底にあるものは一つの原理である。その原理とは午月の包合する宇宙像、「火の三合」の相であって、宇宙のヒナ型としての人間はこの時期における宇宙の相を、その身体の中にもとり入れることが必要とされ、その実践がここに示されているチマキの行事である。

其三　狐（土気）を扶ける「午」（火気の馬）

1　伏見稲荷創祀日と二月初午

伏見稲荷大社の創建について『延喜式神名帳頭註』には、「人皇四十三代、元明帝、和銅四年辛《かの》亥《とい》、二月十一日戊午《つちのえうま》、始めて伊奈利山三ケ峯の平らかなる処に顕《あら》はれ坐《ま》す」とみえ、『神祇拾遺』

には「和銅四年辛亥、二月戊午日」とある。

これらの諸文献から推して、稲荷社創祀の暦日、「和銅四年辛亥、二月十一日戊午」というのは、稲荷社の社伝とみて間違いないとされている。

この社伝に基づいて、稲荷の例祭は以後、今日に至るまで、「二月初午」に執り行われている。

では何故、稲荷社創祀日が和銅四年辛亥、二月十一日（卯月《うのつき》戊《つちのえ》午日《うまのひ》）に定められ、この卯月初《はつ》午《うま》が例祭日として長く踏襲されて来たのか、以下はその推理である。

2　狐の土気

「狐有二三徳一。其色中和。小レ前大レ後。死則丘首。謂二之三徳一」（『説文』）

といい、狐の三つの徳のなかで、その色がまず挙げられている。つまり黄色は木火土金水の五原素のうち、「土気」を象徴し、中央に位する色である。そこで狐は黄色い。それ故に尊い、といっている訳である。土気の作用は稼穡、土気の狐はそのため、中国ではさかんに農村に祀られた。恐らくこの信仰は秦氏等の渡来人によって日本に招来されたと思われる。

3　鎮祭日「戊午《つちのえうま》」の意味――馬上の狐

狐神鎮祭日の「戊午」の「戊《つちのえ》」（土の兄）は、おそらく「土気の狐」そのものを象徴していると思われる。そのようにみると、この「狐」、即ち「戊」は「午《うま》」（馬）の上に乗っている。

第８図　伏見人形「馬上の狐」「火生土」の法則によって最強の稲荷神を表現している。

十二支において「午《うま》」は「火」の旺気。もっとも盛んな火の象をもつ。

五行相生の理における「火生土」により、火は土を生み出し、土を扶け、土を強化するものである。従って、土気の狐にとって、火気の馬（午）は、生気の獣であり、支である。

馬上の狐は、その下の馬に扶けられてもっとも安定し、強化された土気の象徴である。狐が馬に乗っている風俗画、伏見人形の造型（第8図参照）等は、この理の具象化なのである。後代になると、この理は忘れ去られ、「狐を馬に乗せたような話」といえば、もっとも信のおけぬマユツバモノの話ということになってしまっている。事実、馬上の狐の図は、何ともいえないデタラメさを感じさせるものであり、マユツバの形容に使われてもなんらふしぎではない。しかし、「馬上の狐」は呪物としての狐の呪力が、最高に強化された様相を示すものであって、これらの図を創出し、土を捏ねて人形に造型した当事者たちの心情は、真剣そのものだったに相違ない。

そこで以上を総合すると稲荷創祀日「戊午」の意味も判然して来る。つまり、和銅四年「辛亥」の翌年は当然、和銅五年「壬子《みずのえね》」である。「壬」は水《みず》の兄《え》、「子」は水気の正位。つまり来るべき次の年は、天干地支ともに、水のもっともさかんな、水で満杯の年である。古来、「子年」に豊作なし、といわれるほど水の多い年は寒冷で凶作の年とされている。

翌年に廻り来る「壬子」の水気を抑える干支は「土剋水」の理により「戊午」がもっともふさわしく、これを動物に執《と》れば「馬に乗る狐」となる。

以来、稲荷の祭日が二月初午となっているのは周知の事実であり、「馬乗り狐」が伏見人形の重要テーマであったことも首肯出来るのである。

「戊午」の干支と、「馬乗狐」は共に溢れる水を抑えるための至上の干支であり、呪物である。水を抑えることは多雨と寒冷を防ぐこと、即ち日照を招くことにつながる。

稲荷の祭日、「二月初午」とは、水満杯の天干地支をおそれた為政者による苦心の創出とみなされるのである。

(二) 三合の「午」

其一　白馬《あおうまの》節会《せちえ》

古昔、正月七日の宮中行事であった「白馬節会」は天武期の創始とされている。

水鳥の鴨の羽の色の青馬をけふみる人は限りなしといふ

(天平宝字二年正月七日大伴家持『万葉集』巻二〇)

〔大　意〕
「馬は陽気の動物、その馬を新春に当つてみれば、その人の寿命は限りないといわれる」
この歌は八世紀半ばのもので創始後、百年ほど経過している。

降る雪に色も変らで牽《ひ》くものを誰青馬と名付け初めけむ
（平兼盛　九九〇年没）

〔大　意〕

「雪同様に真白い馬をひいているのに一体誰が青馬といい出したのだろう」

この歌からみる限り、当時白馬を青馬と呼ぶ理由は全く判らなくなっているのである。

また『公事根源』（一条兼良〈一四〇二―八一〉撰。宮中の年中行事・有職故実の書）にも、白馬を青馬とよむ訳を、単に春の色が青であるからと説明しているのみである。

しかし天皇という最高位の人が、
①何故、正月、馬を見たのか。
②何故、その白馬を青馬と見做《みな》して来たのか。
③何故、牽《ひ》かれる馬の数が二十一匹なのか。
これらは解明されなければならない謎と思われる。以下は私見によるその推理である。

①について
白馬節会は正月の宮中行事である。正月は寅月、「木気の始め」であると同時に、三合の法則に

よるときには「火気の始め」である。馬は火気の動物であり、「見る」という人間の行為もまた「火」に還元される。

従ってこの行事はいわば「正月という時の具象化」であって、一国の象徴としての天皇が正月に馬を見ることは、天下に春を招《よ》ぶという意味でもっとも理に適《かな》った呪術と考えられてのことであろう。

②について

正月は木気、従ってその色は青。これに反し、白色は金気。「金剋木」の理で、白色は正月には適さない。また青馬は木と火に分解され、

木　生　火

……　　……

青　　　馬

正月における最高の呪物たり得る。

③について

「午」は十二支の七番目。「午」は火の正位であるが、火の成数は七。また、木気は、易では「少陽」。少陽の数は七。

以上、「寅」に関わる三つの七の総和、二十一が牽《ひ》かれる馬の数の中に込められているものと解される。

其二　正月（寅月）と午（馬）の民俗

①「ウマノトシコシ　岩手県江刺郡や埼玉県入間郡で、正月六日の晩を馬の年越といい、馬を飼う家ではみな年越をする。大分県下毛郡では七日を馬の正月といい、ともに粉餅をこしらえ雑煮にして牛馬に食べさせる。……鹿児島県大隅の北部でもウマノトシトリといって餅をカマド神に供えてのち、馬に食べさせるが、それは元日の朝の行事である。」（『綜合日本民俗語彙』）

②「ウマノモチ　馬の餅。秋田県仙北郡では、正月十三日に搗いた餅十二切れをワラットにつつみ、十五日恵方にかけておいたものを、正月十六日の朝、烏の来ぬうちに焼いて馬に食わせる。そうすると馬が丈夫になり、仔を生めば仔馬がその餅をくわえて生れるといい、そのくわえて来た餅を乾かしておいてその馬の病気のときに粉にして食わせるとなおるという。菅江真澄の「氷魚の村君」にも、南秋田郡谷地中村の馬の餅のことがある。……」（同右）

③「ウマトバセ　馬飛ばせ。福岡県京都郡祓郷村で、旧正月七日に牛馬を引き連れ、氏神に参拝する式。」（同右）

④「ウマヤマツリ　厩祭、毎年正月などに日を定めて、厩舎の祭を行い悪魔を払うことは昔からの風で、これには猿まわしを業とする猿屋という者が関与した。猿まわしは後に独立の伎芸となったが、なお猿が牛馬を曳いてあるく絵札を農家に配って札を貰う職業があることは厩の戸口に貼ってあるその絵札を見るだけでもよくわかる。また現に福島県の会津田島組の書上（文化四年）などにも、猿曳が厩の垣へ、猿のひかえた絵馬を挟みゆく風のあったことを記したものが残って

いる。」（同右）

⑤「ウマノアシ　長野県下伊那郡新野町早稲田で、正月十三日朝、馬の足、またはウマノチンボというものをつくり厩に吊す。」（同右）

⑥「ハルコマ　春駒。正月に各戸を廻る予祝門付《かどづ》け芸。馬の首を木で作り、またがるようにして頬かむりにタツケをはき、三味線、太鼓ではやして踊る。江戸時代は盛んであったが、現在ではあまり残っていない。……山梨県塩山市一之瀬・落合では、正月十四日の夜、太鼓・鉦・笛・露ばらい・歌うたいなどの行列をくみ、道祖神の前で踊り、その後、各家を廻る。また青森県津軽地方では、駒踊と称してホニホロ式の馬で踊る……。」（大塚民俗学会編『日本民俗事典』）

〔考　察〕

以上の例はいずれも「正月と馬」の組合せで、それはつまり十二支の「寅・午」ということである。「寅・牛・戌」の三支が合すると「火」と化する。正位の「午」を含めば二支だけでもこの法則は成立するので、「正月の馬」即ち「寅・午」の行事は、「火の行事」である。「火」は日照に還元され、「日でりに凶作なし」といわれるように稲にとって日照こそ豊作の第一条件なので、正月におけるこれら一連の馬の行事の背後にあるものは、日照祈願と考えられる。

もちろん農家にとって馬の健康は重要課題であるが、「正月の馬」の取合せは、それが単なる馬の健康のためのものだけではなく、より重要な日照祈願を含むと考えたい。

⑥例の春駒の如きはその呪術のもっとも高度なものと解される。

④例の厩祭は他の例と趣きを異にする「防火呪術」であるが、これについては「申」の項を参照して頂きたい。

三　支合の「午」（馬）民俗事例

①「ウマヒキ　馬曳。茨城県北相馬郡某村の六月十二日の祭礼に近村から馬を借りて牽く。五日前から厩に注連を張り農用には使わない。馬曳役はクジできめ、九日前から斎戒に入る。……東北地方は六月十五日か七月七日、長野県は全般に二月八日で、ツトに入れた餅をワラ馬につけ、子供が道祖神へ曳いてゆくこと。」（『綜合日本民俗語彙』）

②「ウマツナギ　岩手県稗貫郡八重畑村の六月十五日の行事。ワラの馬形を水辺につなぐ、八幡太郎が馬に息をつがせ、飼草を与えて元気を回復させたためという。」（同右）

〔考　察〕

午・未の二支は化して「土」になる。六月（未月）における馬（午）の行事は、支合の法則の応用とみなされ、この行事の背後にあるものは土気の本性、「稼穡」への祈願と見做される。

(四) 易と「午」

其一　祈雨祈晴の馬

五月の卦は、䷫、「天風姤《てんぷうこう》」。十二支では「午月」。この午月には「夏至」が含まれるが、この夏至を境に、日脚は少しずつ縮まってゆく。

つまり、前の月の巳月、䷀で極まった全陽の結果、新たに一陰が下に萌した象である。

䷫ …天 …風

天風姤《てんぷうこう》

そこで、この一陰を水ととれば、火気のもっとも盛んな午（馬）にこそ、水の始まり、水の萌しがみられるわけである。『続日本紀』天平三年十二月条に「神馬は河伯の精」といって、馬を河神としている。河の源は一滴の水に始まるから、この河の相《すがた》と、一陰、つまり極微の水が萌す午月の象とは正しく重なり合って、馬が河伯とされるのである。馬がこのように水と深く関わりをもつからこそ、祈雨祈晴に馬が供献されるわけで、この点がもっとも重要である。次にその供献される神社も、大和から南、午方《うまかた》の吉野の丹生川上社の場合が多く、一陰の萌す象をもつ南方の社に、同じく一陰の萌しをもつ馬が奉献されるのである。

その際、祈雨には黒馬、祈晴には白馬ということになっているが、その理由は、相生・相剋の理で解くことが出来る（但し、この行事は「午」（馬）に内在する易の理の応用なので、五月という時に関係なく行われる呪術である）。

①黒馬の場合

水⇸火　馬は本来、火気である。そこで、黒馬ということになれば、上のように黒馬が内包
……　するものは、「水剋火」である。火は日照に還元されるから、黒馬は火、日照を剋し、
黒‖馬　降雨をもたらす呪物たり得る。

②白馬の場合

金⇸火　白馬の内包するものは「火剋金」。金気は「金生水」の理で「水」を生み出すもの
……　である。従って水を生む金気を抑《おさ》えることは、水の抑止、晴天への期待となる。
白‖馬

③赤馬の場合

馬の祈雨祈晴ばかりでなく、日蝕の場合にも呪物となり、『続日本紀』宝亀元年八月条に、「日蝕あり。……幣帛及び赤毛の馬二疋を伊勢太神宮に奉らしめる」とみえる。馬は火、赤色も火気。この場合は火気の相乗作用で太陽の復活を祈求している。なお、赤馬は同じこの理由で祈晴の呪物となっている場合もある。

④土馬

土馬は土製の馬の模型で、古墳時代から平安時代迄の各遺跡から出土する。出土地は多く出水をきらう湿地である。馬は祈雨祈晴の呪物なので、土馬もこれらの馬に関連して農耕上の水に関わる

儀式に用いられたと、推測されている。

前述のように黒馬、白馬が祈雨祈晴の呪物たる所以は各馬そのものに内在する「水剋火」・「火剋金」の理によると推理した。それと同様にここにも従来とは異なる見解の導入も可能と思われる。即ち、「土馬」を上下に分解すると、「土」と「馬」。

土……火

土……馬

火と土の関係は、「火生土」で、土馬はそれ自身のうちに、この理を内在させている。火によって生ぜられている土馬の土気は非常に強力であって、「土剋水」の理によって、その形はたとえ小さくても、水を抑えるその呪力は抜群なのである。

第9図　土　馬
奈良県橿原市役所「よみがえれ藤原宮と京」所収

考古学では、土馬の意義は、なお不明とされているが、藤原京出土の土馬が、何故か土気の数の五つの斑文を負っていることは、この推理を裏づけるものではなかろうか。

⑤絵馬への推移

こうして神社には馬が神の乗物、或いは五行応用の祈雨祈晴の呪物として供献されたが、それがやがて生きた馬から造りものの馬となり、更に簡略化されて板に描かれた馬、つまり絵馬に移行し、描かれるものも馬ばかりでなく、奉納者の願事を主題としたものとなる。神への願事ということは同じでも、幾変転の結果、現在では受験生にとって何より手軽な合格祈願の呪物となり果てていることは周知の通りである。

其二　女の家・女の宿・女天下

前例は、「午」（馬）に内在する易の理の応用なので、季節を問わないが、これは正真正銘、五月の行事である。

この五月の䷫、卦名は「天風姤《てんぷうこう》」であるが、「姤」は「邂逅」（めぐりあい）の「逅」と同義で、遇うことである。

つまりこれは、「陰陽の出会い」であって、日脚が伸び切って、一陰の影も見えないような夏至の時に、既にその瞬間に一陰が下に萌している、換言すれば、その陰陽の思いがけない出会いを意味している。

この「天風姤」の象は、世事万般にこれを当てはめることが出来、全盛の最中に、しのびよる衰徴のかげ、得意の絶頂の背後に迫る失意の時など、人間界の常道を一卦の中に的確に表現している。

「天風姤」の卦は、このように全盛の陽の世界に、一陰の萌す象を示すが、「易」はけっして一つの象に止まるものではない。というより、象は一つでも、それを多方面からみることが必要である、という方がむしろ妥当であろう。

以下はその観点からみた天風姤の種々相である。

「天風姤」の一陰を「女」として捉えればどうなるか。

旧五月五日は、「端午の節供」といって、男児の祝いとされている。ところが近松門左衛門の『女殺油地獄』にも「五月五日の一夜さを、女の家といふぞかし」と見えるように、この五月五日、あるいはその前夜を「女の家」「女の夜」「女の宿」などといって、特に女天下とする民俗が日本各地にあった。

日本民俗学はこれを、五月は田植え月だから田の神の奉仕者としての女を大切にしたためと理由付けしている。一応うなずける解釈ではあるが、もし旧五月の易の卦を導入して考えてみるならば、この民俗は正にこの卦の具象化として受け取られるのである。

「天風姤」は男五人に女一人を表わす卦である。これは前月の全陽の卦にみられる男ばかりのところに一人の女が忽然として現れたことを意味する。そこでこの女は非常に男からもてる女、すべての男を魅了する存在のはずであって、卦辞も当然、「姤は女壮なり。女を娶るに用ふることなかれ」ということになる。つまり多勢の男のなかの女は我侭で仕方がない。娶ってはならない、と易は戒めるのである。

そこで昔の日本人は次のように考えた。五月はとにかく女天下の象をもつ月であって、そのような時季には、その時季に適ったことをする。時季に適してこそ、自然の流れに沿えるのである。しかしそれを長くしていては害がある。ただ一日の女天下の日を設けて、それによってこの五月の象に適合したことにしよう、と。これがこの民俗の起源であろう。

また、陽を男・火に還元すれば、陰は女・水である。「天風姤」は一陰の萌しであるが、それは微量の水の萌し、の意義にもなる。五月は折柄、田植の季節であって、水の萌しはもっとも尊く、大切にすべきものである。

水も女も、ともに陰であるから、女を大切にすることは、わずかに萌した水の重視につながる。

以上あらゆる点から考えるとき、「女の家」の習俗は易の卦の実践を意図した古人の智恵の結晶と解されるのである。

未《ひつじ》

動物……羊

意義……「未は万物皆成りて、滋味あるなり」(『史記』)

「未は味いなり。六月は滋味なり。五行の木は未に老ゆ。木の枝葉のしげれるに象るなり」(『説文』)

未の字は、象形文字で、木の枝葉の茂ったさまを象る。六月は万物が成熟して、その実に味わいが出る。またその気候を指す。

(一)　五行の「未」

土気としての「未」
火気の終りとしての「未」
十二支……第八位
方位……南南西三〇度の間
月……六月
時……午後一時より午後三時まで
季節……季夏　六月小暑より七月立秋の前日まで

(二)　三合の「未」

亥……生
卯……旺　亥・卯・未の三支は合して「木」と化す
未……墓

(三) 支合の「未」

子丑……土
亥寅……木
戌卯……火
辰酉……金
巳申……水
午未……土

午・未の二支は合して「土」と化す

(四) 易と「未」

未月　消長卦 ䷠天山遯《てんざんとん》

(一) 五行の「未」――土気としての「未」／火気の終りとしての「未」

其一　和名「水無月」の推理

旧六月という月に配当された十二支は「未」である。この「未月」とはどういう月だろうか。先にも述べた通り、陰陽五行では、宇宙根元の陰陽二気の交感から、木火土金水の五原素が生じた、と説く。この五原素、あるいは五気の循環が五行であって、この五行のなかには種々の法則がある。「相生」と「相剋」もそれらの法則の一つである。

「相生の理」は記述の通り、木生火、火生土、土生金、金生水、水生木であり、「相剋の理」は、木剋土、土剋水、水剋火、火剋金、金剋木、の順である。

ところで、これも既に説明したことであるが、一年十二カ月を、この五原素、十二支、季節に分けると次の表のようになる（アラビア数字は旧暦の月を示す）。

土気は各季節の終りの十八日間に配当されていて、辰・未・戌・丑の月のなかにある。土気は一つの季節を他の季節に転換させる力があり、季と季の中間に配置されている、ともいえるのである。土気はこのように一つの季を滅し、新しく次の季を生み出す強力な作用があるために、この土気の期間を「土用」といってその作用の強さをおそれ、その期間中の建築・動土などは古来、タブーとされて来た。

春	1 2 3	寅・卯・(辰)	木気
夏	4 5 6	巳・午・(未)	火気
秋	7 8 9	申・酉・(戌)	金気
冬	10 11 12	亥・子・(丑)	水気

○印は土気

未月は一年の中央で、土用のなかでも強力な力をもち、土用といえばこの夏の土用を指すほどである。それは「火生土」と、土気が火気によって相生されているからである。

しかも六月の土用は火気のなかの土用、つまり乾燥した「燥土」であって、同じ土用でも、十二月の水気のなかの土用、「湿土」とは本質を異にする。

つまりこの六月は、易の卦でも後述するように「山」があり、巨大な土気をもつ月である。

十二支でみても未月は「土用」を含む月、しかも火気によって相生されている強い土気の月である。

ここに「相剋の理」を導入して考えると、六月は水にとって甚だ迷惑な月であるということがよくわかる。「土剋水」と、土気によって、したたかに叩かれているからである。易の卦にも巨大な土気の「山」があり、五行のなかにも強い土気があって、このダブルパンチの前に、水は正に活路を見失う。

旧六月の異称は「水無月」。旧六月は現在の七月で梅雨の頃に当り、現実にはけっして水の無い時季ではない。むしろ水は沢山にある。

しかし上記の理由によって呪術的にはこの月を水無月といわざるを得ないのである。以上が和名の「水無月」の由来ではなかろうか。

其二 「土用丑日の鰻」の推理

土用丑日には一般に鰻を食べることになっている。このころは年間でも一番暑い時季であって、万葉の昔から夏痩せによしとされている鰻をこの際に摂ることは理にかない、何も問題はない。

しかしそれが何故、丑日の行事かという問に対する答は従来、出ていないのである。

この習俗のはじまりは江戸時代というが、当時はもちろん旧暦であるから、水無月の名称の推理同様、この場合の鍵ももちろん旧暦によることにある。

七月末は旧暦では六月、未月。従ってこの行事の日付は、㊪月土用㊤日、つまり、未と丑のコンビにプラス土用である。

前述のようにこの未月の土用は火気に相生されていて、その土気はすこぶる強烈である。

土気は万物を生み出すと共に、それを害う作用もつよく、この時季において人間は殊に暑気当りということも考えられる。

その暑気当りをもたらす土用の火気を抑制するためには、「水剋火」の理によって、相対する丑月の水気を以てするのがもっとも妥当である。

しかし丑月を未月に重ね合わせことは出来ないから、丑月の「丑」を日に執って、呪術の日を「未月土用丑日」と定めたと思われる。

そこでこの日に牛肉（丑）を摂れば最高であるが、牛は農耕上の聖獣で明治以前には食肉は禁忌だった。それで鰻ということになったのであろう。

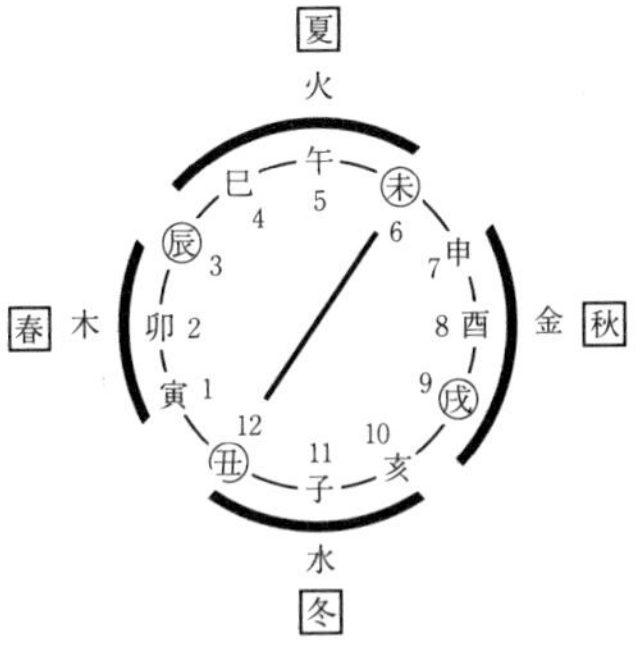

第10図　未と丑対中表。○で囲んだ丑・辰・未・戌は土用の月を示す

鰻は牛（丑）のウに通じ、また水中の生物で、しかもその色は黒、立派な水気の象徴である。

この鰻を食して体内に入れれば、水剋火の呪術は達成される。鰻は水剋火の呪物として最適なのである。

土用丑日には鰻の代りにウメ・ウリ・ウドンなど、ウの字のつくものを食べれば暑気当りしないというところもある。

またこの日、川や海で水浴することも行われる。

それらはすべて水剋火の五行相剋の理の応用であるが、その心情の底にあるものは、激しい火気によって強められている未月の土用土気を、水気の丑月の土用土気で中和すること、要するに陰陽のバランスのあるところには病も禍もないからである。

通説、つまり鰻が栄養価が高いから暑気払いとなり、土用丑日に鰻を食べる、という合理的な解釈は、同じ日における水浴とか、牛を川で洗うという習俗の解明にはつながらない。一見関連性のない多くの事象を解明出来る原理として、陰陽五行にはこの場合にも有力な鍵となるのである。

(二) 三合の「未」

其一 「サノボリ」

未月の「未」は木気三合で考えれば、その「墓」。換言すれば木気の終わるところ、「サ」の神、稲の神の死するところである。

従って「サ」の神の天上に帰られる日、「サノボリ」は必ず未月（六月）の行事のはずであるが、このようないわば面倒な法則は忘れ去られた結果、多くのところでは、「サノボリ」は田植えのすんだ時点の祭りとして捉えられている。

しかし「サノボリ」を忠実に未月、つまり旧六月の行事としているところもあり、次の資料はその例である。

①「ホンサノボリ　播州の東部諸郡では旧六月四日を本サノボリと謂って、端午のように粽を作り神を祭るそうである。美濃郡の一部に於ては又ハナ参りともいい、戒名を持って寺参りをする風があり、之を水向けというそうである（郡誌）。兎に角月の中に日を定めて、農事の祭をすることは筑波の大御田なども同じで、彼は田植の始を為し、是は其終りを区ぎるものなのである。」

（柳田国男『年中行事調査標目』七）

②「オホサナブリ　田植終りの祝は一般にサナブリ又はサノボリと謂うが、是を日としては一定して居ない。ところが遠江小笠郡大淵村などのサナブリは、六月二十八日と定まって居て田植は必ず此日までに終るようにした。子供は新竹を擔ぎ鉦を打ちつつ「送り神のかんじ」と唱えて村中をあるき、米を貰って会食するという（土の色三巻五号）。是も以前は旧暦五月の二十八日で、月送りになったものと思う。但しここにいう送り神は田の神では無くて、稲田に障りをする虫の神などかと思う。宮城県の玉造郡などでも、同じ日を大サナブリと謂っている（郡誌）。どういう行事があるのか一度尋ねて見たい。」

（同右）

これらの例からは「サノボリ」が明らかに稲の神の死を送る祭りであることが窺われ、それは要するに「木気三合の理」の健在を示すものでもある。

其二　風の三郎（風の神）

①「カゼサダメ　福井県三方郡西田村で、旧二・六・十月の二十日をいう。この日の風が巽だとその年は風が多く、北西だと雪が深いという。」

（『綜合日本民俗語彙』巻二）

②「カゼマツリ　風祭。新潟県東蒲原郡東川村で、六月二十七日の行事。朝食前に部落中の者が村外れに集り、縄をなって高さ一尺位のサブロウ堂をつくり、お神酒を頂きコウセンを供える。長野県北安曇野の各村で、春彼岸の中日に行う風祭は、藁人形に紙の衣服を着けさせて送るものである。人の身体にふれさせるというから、咳気の方の風をいうものか。」

（同右）

③「カゼノサブロウ　風の三郎。新潟・福島両県などには風の神をこの名で呼んでいるところがある。新潟県東蒲原郡太田村では、旧六月二十七日に風の三郎の祭をする。朝早く村の入口に吹きとばされそうな小屋をつくる。それを通行人に打ちこわしてもらって風に吹きとばされたことにし、風の神に村を除けて通ってもらうことを祈る。この村では風の神を新羅三郎義光だという者がある。隣の部落石畑でも、同様の小屋を三郎山という山の頂上につくる。この辺では風が吹くと子供達が「風の三郎さま、よそ吹いてたもれ」と声をそろえて唱える。」

（同右）

木気は、亥（十月）に生じ、　（生）
　　　卯（二月）に壮んに、　（旺）
　　　未（六月）に死ぬ。　　（墓）

そこでこのことを頭において、①②③の祭月を見ると二・六・十月の組合せか或いは六月である。

カゼサダメ……………………二月・六月・十月
カゼマツリ……………………六月
カゼノサブロウ………………六月

これを十二支に還元すると次のようになる。

カゼサダメ…………卯月・未月・亥月
カゼマツリ…………未月
カゼノサブロウ……未月

風の三郎

亥・卯・未は、「木気の三合」である。

これら三例中、共通してあるものは「未」（六月）である。「未」が三例に共通して顔をみせている理由は、この「未」が木気（この場合は風）の「墓」、つまり「死」に相当するからである。

風送りに木気三合の三番目、墓気の「未」「死気」が選用されるのは当然であって、カゼノサブロウ（風の三郎）とは、

「木気三合における三番目、墓気の未《ひつじ》」

を擬人化した名称にほかならない。

木気三合の三番目は、木気の「墓」であり、「死」であるから「風の三郎」が風送りに登場するのである。

「風の三郎さま、よそ吹いてたもれ」と子供達が唱《うた》い囃《はや》すことによって、風は一層、早く退散し、死に追いやられる、という考えがここにみられる。

宮沢賢治の『風の又三郎』の背後にあるものは「新潟・東北地方にひろく伝承されている風の三郎という風の神である」ことは一般に知られている。しかしそれでは何故、風神、それも六月に祀られる風が、風の三郎といわれるのか、その理由は従来、不明とされている。

陰陽五行における木気の風、および「木気の三合」の理を組み合せたとき、この謎ははじめてしかもきわめて簡単に解けるのである。

其三　羊大夫伝説

昔、上野国（今の群馬県地方）には、足早で知られる「羊大夫」の伝説があり、『神道集』（安居《あご》院《いん》作　鎌倉時代の書）には次のような記事がみえる。

「此の羊大夫と申すは、午の時に上野国夛胡荘を立ちて都へ上がれば未の時の御物沙汰に合いて、申の時に国に下り付ける間、羊の大夫とは申しけり。故に此の人、申の中半に上野国群馬郡有馬郷を立ちて、日の入合には三条室町に付けり。」

（『神道集』巻七）

これを要約すれば羊大夫は、もし午刻（十二時）に群馬を発てば、京都に二時に着き、再び群馬には四時に帰って来る。或いは三時に群馬を発てば、五時には京都の三条室町に到着した、というのである。つまり群馬・京都間を四時間で往復したことになる。片道は二時間。現代の新幹線でさえ無理なのに、人間では到底不可能である。

結論から先にいえば、これは前述の「風の三郎様」同様、法則の擬人化ではなかろうか。

- 大夫……五位の通称。村の祭祀組織では「長老」。
- 木気……曲直して何処までも延び、終に到達するのをその本性とする。従って蛇・風も木気。
- 未………木気三合、「亥卯未」の終り、墓。
- 羊………未。

以上を総合すると「羊の大夫」とは、「風の長老」「風親父」の意で、その背後にあるものは「風」なのである。「大夫」には神官の意もあり、このように解すれば羊大夫とは、「風の神官」、あるいは「風の神」そのものとも受けとられる。そうなれば羊大夫が群馬・京都間を四時間で往復することは極めて容易である。

それでは何故、古人は羊大夫の背後に、「風」をかくしたのだろう。その謎を解く鍵が、上野三碑の一つ、「多胡碑」で、そこには、

「弁官符、上野国片岡郡緑野郡甘良郡并三郡内三百戸郡、成給羊、成多胡郡、和銅四年三月九日

甲寅宣……」

とあるが、これはつまり和銅四（七一一）年上野国内に新たに多胡郡が建てられたが、その時の弁官符を記念して、石に刻したものである。問題はその「羊」で、方位説・人名説・動物説等、区々《まちまち》であるが、大場磐雄氏は、これを、

「上野国新田郡人勲七等犬養子羊。弟真虎等二人賜姓丈部臣」

（『続日本紀』承和十（八四三）年三月条）

に鑑《かんが》み、多胡碑の「羊」を人名として考え、その根拠として「東国には丈部《はせつかべ》が多く、丈部は馳使部の意で、早足を以て使を達するのが本来の使命であり、そこから起った職業部の名であるから、それが羊大夫の超人的な早足へと伝説化されたものであろう。多胡郡の「羊」も丈部の一族ではないか（ニューサイエンス社刊『十二支のはなし』）と重大な指摘をしておられる。

そこで同氏の推測の上に私見を加えて、私は次のように考える。

早足をその職業的生命とする丈部の人々にとって「風の如く行く」ことが理想であった。そこで木気の三合、亥・卯・未のうち、「風の三郎」としての「未」、即ち「羊」は、いわば彼らのマスコット、或いは信仰対象で、そうした彼らの祈念の所産が、「羊大夫伝承」なのであった。生れ故郷の上野国から花の都まで、四時間で往復することは現実ではかなわぬ夢ながら、風の神であればそ

れも可能であろう。羊大夫は正にこの夢の結実としての伝承としてうけとられるのである。

なお「羊」名の丈部に「丈部真羊」（大日本古文書巻二）がある。

其四 「火天」と「青羊」

仏法においては、上下・日月・四方・四維を守護する天衆を「十二天」とする。即ち、梵天（上）、地天（下）、日天（日）、月天（月）、帝釈天（東）、閻魔天（南）、水天（西）、毘沙門天（北）、火天（東南）、羅刹天（西南）、風天（西北）、大自在天（東北）であるが、これらを総称して十二天という。

この十二天のうちの一つ、「火天」の様相については、

> 「行者於㆓東南隅㆒、而作㆓火仙像㆒。住㆓於熾焔中㆒。三点㆑灰為㆑標。身色皆深赤心。心置㆓三角㆒。……青羊以為㆑座」（『青竜軌』下　傍点引用者）

と説かれている。

即ちその身体の色は火色を象って深赤色、身体の中心にもまた炎を象徴する三角印を持し、青羊に乗っている、という。

火天という以上、身体が赤く、三角印を捧持する理由は自明であるが、問題は何故、羊、それも

青い羊の上に座しているか、である。

〔推　理〕

仏教の諸仏諸天の造像の中にも私見によれば五行の法則が多数みられるが、「青羊に乗る火天」もまたその好例の一つである。

「火天」即ち「火」であって、この火を生むもの、火の母は「木生火」の理によるときは「木気」。木気の尽きるところに火が生れるので、出来れば終りの木気が好ましい。

その木気はくり返しいうように三合では、

- 亥（猪）　生
- 卯（兎）　旺
- 未（羊）　墓

となり、羊は木気の墓、終りである。「未」は土気を主とするが、木気三合の墓としての未も前例でみたように、祭り・民俗行事に頻出する。

火天の場合もその羊は、火を生み出す母としての羊である以上、木気でなければならず、それが土気でもなく、火気でもない木気の羊であることの証拠に、木気を象徴する「青」の羊なのである。この必要がなければ何で青い羊などということがあろうか。青い羊など多分実在しないに相違ない。

この青羊にかぎらず、正月行事に白馬を牽いてこれを「青馬」とよぶのも相似の現象であって、いずれも五行の理、実現の為の作為にほかならない。

これは法則を負う十二支が、仏教の深奥部にも息づいている一つの例である。しかし十二支の他《ほか》にも五行の理は仏教の到る処に見られ、その教理の構造化に資しているので、その推理は他の機会に改めて行いたい。

〔注〕

クワテン　火天　［天名］　胎蔵界曼陀羅の第十二外金剛院の一衆。大日如來事火梵志を引攝せん爲に火神の形を示現せしもの。其形梵天王に同じ。【大日經二】に「行者於二東南隅一。而作二火仙《ノ》像一。住二於熾焔《ノ》中一。三點《ノ》灰《モテ》爲レ標。身色皆深赤。心《ニ》置二三角《ノ》印一。而在二圓焔《ノ》中一。持二珠及澡瓶一。」【大日經疏五】に「東南隅《ニ》布二列《ス》諸火天《ノ》衆一。住二火焔《ノ》中一。額及兩臂。各有二三灰畫一。即婆羅門用二三指一取レ灰自塗レ身象也。一切深赤色。當《テ》レ心《ニ》有二三角《ノ》印一。在二焔火圓《ノ》中一。左手持二數珠一。右手持二澡瓶一。此是普門《ノ》之一身。爲レ引二攝火祠韋陀梵志一。方便開二示佛圍《ノ》陀法一。故示二此大慧火壇一。浄修二梵行一之標幟也。」此は二臂なり。【青龍軌下】に「行者於二東隅一。而作二火仙《ノ》像一。住二於熾焔《ノ》中一。三點レ灰爲レ標。身色皆深赤。心《ニ》置二三角一。慧《ハ》珠定《ハ》澡瓶。掌《テ》仰《キ》定《ニ》持レ杖。青羊以爲レ座」

（大蔵出版刊『仏教大辞典』）

第11図　火天の図

㈢　支合の「未」

前節「午」で既述。

㈣　易と「未」

六月の卦は、☰☶、「天山遯《てんざんとん》」。十二支では「未月」。前月に萌した一陰が次第にその勢いを増して、二陰となり、その結果、天、☰と、山、☶が合した形である。

☶を小人、☰を君子とすれば、小人の力が強くなって来て、君子が時運から遠ざけられて、隠遁する象である。天山遯の「遯」は、隠遁なのである。

䷠
…天
…山

天山遯《てんざんとん》

これがこの卦の象であり、意義であるが、ここでは、この卦のなかに含まれている「山」を中心に考えてみると、木火土金水の五原素のなかで、山は疑いもなく「土気」に属する。土気のなかでも山の土気は、畑の土とか、植木鉢のなかの土と違い、最大の土気である。

六月は方局においては火気の終りであるが、火気よりもむしろ、木気三合の墓、つまり木気の終りとしての「未」、あるいは土気としての「未」の作用が、祭り、民俗行事の中で大きな部分を占めている。易の卦の中でも「山」という最大の土気がみられるのはふしぎな符合である。

(五)「未」のまとめ

未月（六月）は、祭・民俗行事の集中する月であるが、その理由はおよそ次の六項目に絞られる。

①未月の土用は、火気の中の「土」である。この「土」は「火生土」の理で、火から生み出され、加勢されている故に、非常に強力である。丑月の土用が水気の中の「土」で、「湿土《しつど》」であるのに対し、これは「燥土《そうど》」であって、人体への影響も苛烈である。伝染病の時季でもあり、その火気中和の呪術が「土用の鰻」である。

②丑月は新旧の年の交替時であるが、未月はこの丑月に対中し、一年の半分が終わって陰陽の交替時。やはり分岐点である。この六月の土用によって一年は方向転換して、陰の方向に向う。

③この自然の陰陽の交替を人身に課している行事が、六月三十日（現行は新暦によるが、本来は旧六月に行われるべきものである）の茅輪くぐりである。但し茅輪の原型は蛇の胎の模型で、蛇の脱皮新生を擬く古い習《なら》いが、五行に習合したものと思われる。

④四季の推移において、夏から秋への推移だけが、火（夏）から金（秋）への相剋関係である。

この夏と秋の間に、未月の土気を置き、これを強調することによって、その推移は、火生土、土生金と改善され、相生関係となる。土用は四季の終りに必ず在って、ここに限らないが、この夏から秋への間の土気は特に右の理由で貴重である。

京都の祇園祭の主神、牛頭天王は土気の神で、その神紋も土気象徴の窠紋《かもん》である。この祭りが往時の首都において盛大に行われたのは、土気による相生関係への転換を狙ってのことで、それはやがて全国に及ぶという呪術であった。

⑤人間は本来、土気の生物とされているので、強過ぎる土気は相討ちの形となって、破滅に及ぶ影響を蒙る。そこで①で述べたように丑月の湿土によってその中和をはかるわけであるが、一方、未月の土気は、相剋を相生に転換させるためには、人間にとっても、自然にとっても必要不可欠なため、土気の主神の祭りを盛大に執り行ったと解される。その原意は忘れ去られながら、伝統ということで今もなお、年毎に盛行しているのである。

⑥「未」は木気の墓、即ち木気の終わるところなので、稲の神送り、サノボリがある。これらの稲の祭り、たとえば那智の六月十四日の祭りなども収穫祭としては早過ぎるので、南方の二毛作の稲の祭りの導入、とみられたりするが、木気の墓として六月をみれば、そこに稲の祭りがみられるのは当然なのである。万象を輪廻の相で捉えるとき、終りあっての始め、始めあっての終り、だからである。

しかし「墓」は「死」に相違なく、木気の最も衰えているこの時に、二百十日をひかえている農村の人々が、風送りをすることはこれも理に適っていると思われる。

申《さる》

動物……猿
意義……「七月、陰気体を成し自ら申束（のびちぢみ）す」（『説文』）
「七月には、物皆身体を成し各、之を申束し、（自ら屈伸して）備成せしむるなり」（『釈名』）

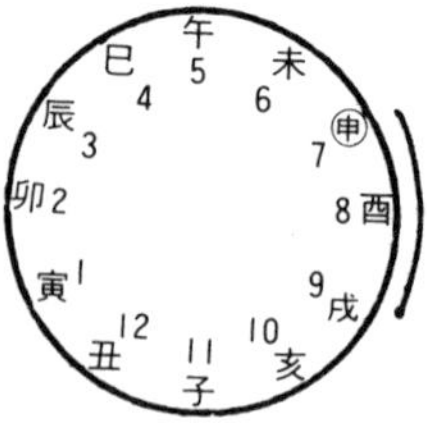

(一) 五行の「申」

金気としての「申」

十二支……第九位

方位……西南西三〇度の間

月……七月

時……午後三時より午後五時まで

季節……孟秋　七月立秋より八月白露の前日まで

(二) 三合の「申」

申……生

子……旺　申・子・辰の三支は合して「水」と化す

辰……墓

(三)　支合の「申」

子丑……土
亥寅……木
戌卯……火
辰酉……金
巳申……水
午未……土

巳・申の二支は合して「水」と化す

(四)　易と「申」

申月　消長卦
䷋天《てん》地《ち》否《ひ》

(一) 五行の「申」――金気としての「申」

其一 庚申信仰の「申」

「庚申信仰」は数多くの日本の民間習俗のなかでも、もっともよく知られたもののひとつである。「庚申」という言葉は地名としても日本の各地に残っていて、かつてこの信仰が人々の日常生活と深くかかわっていたことを如実に示している。

「庚申」とは「かのえさる」の日の行事を指すが、それ種々様々の禁忌・きまりを伴っている信仰にもとづく。多くの禁忌のうち、その中心をなしているのは「守庚申《しゅこうしん》」、つまり庚申の夜は眠らずに過ごすというものである。

しかし謹慎して何もしないというのではなく、平安朝の貴族社会では、庚申を一名「庚申御遊」というほど、この夜は詩歌管弦や物語、遊戯などに興じつつ徹宵したのである。

中世になると、武家社会でも「庚申待《こうしんまち》」といって同様に会食談論して夜を眠らずに過ごし、この風習は次第に拡まって江戸時代には民間レベルにも及んで盛行した。

申の性情

十二支の「申」は十干の庚と同様に金気である。即ち申月は旧暦の秋七月、一年の構造表、構造図（本書二九七頁参照）に示されている通り、秋の始め、金気の始めである。一日でいえば午刻から未刻をへて、申刻（午後三時―五時）に至れば、気温は下がり温度も増し、やがて日没となる。

申刻は暁の寅刻（午前三時―五時）に相対するが、寅刻が夜明けをもたらす生気の刻《とき》であるのに対し、申刻は夜闇に連なる死気と殺気の刻である。

この寅申の軸は、子午軸についで陰陽を分つ重要な軸であるが、それについては既刊の拙著（『陰陽五行と日本の民俗』等）をご参照頂ければ幸いである。

「庚申」の干支は六十年に一度、六十日に一度、巡り来る干支で、つねに秋とは限らない。しかし、問題はそれらに内包されている金気、即ち殺気であって、秋とはたまたま大自然におけるその気の具象化に過ぎないものであるから、庚申の年や日が人間に影響し、作用する力も、大自然の秋におけるそれと変りはないわけである。

金気は即、殺気である。生命体である人間にとって最大の強敵はその生を窺う殺気である。宇宙に充満する殺気を防ぐ呪術、それが「守庚申」の名に要約されていると私は思う。

この庚申信仰の推理は、拙著『神々の誕生』（全集第八巻所収）で行っているので、ご参照頂ければ幸いである。

其二　括《くく》り猿

1　奈良町の括り猿

奈良市奈良町の庚申堂近くの家々の軒端には、不断に括り申が吊るされていて、風もないのに微かに揺れている。この申はその家の人の数だけ吊るされていて、それぞれの身の安全を守るものとされている。

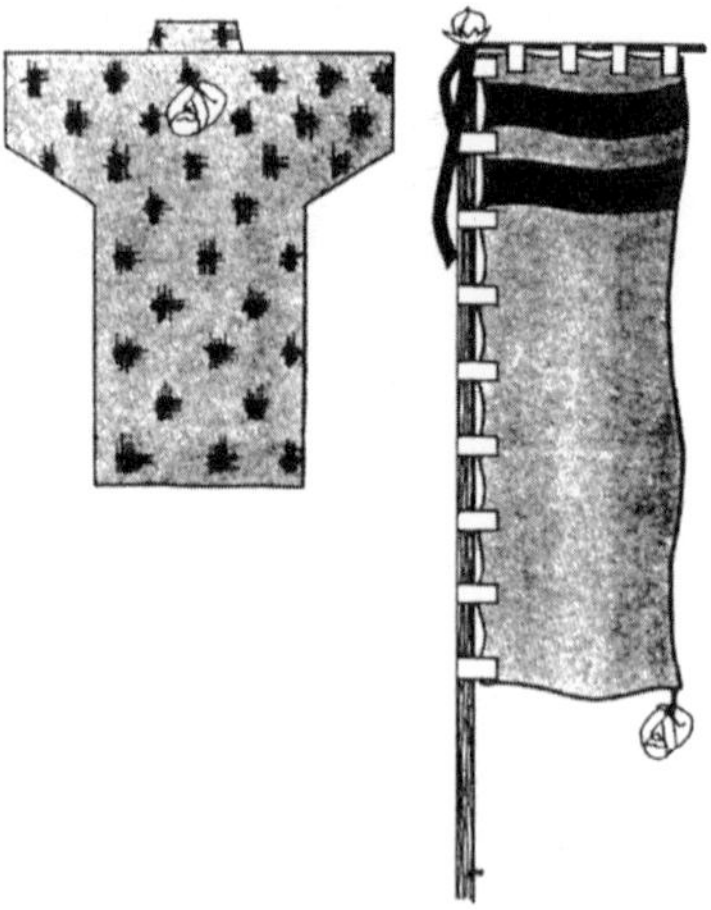

第12図　子供の着物や祭の幟につけられた括りザル（廣瀬鎮『猿』法政大学出版局刊より）

もし猿が本当に人を守るものならば、何でその手足をしばる必要があろうか。括り猿の本当の意味は、手足をしばって、その活動を全くおさえてしまうところにある。

金気は五行の中で最強で不義を伐つことをその本性とする。あるいは春の「生」に対し、秋の「殺」の象徴で、万物を粛殺することをその本性とする。つまり、括り猿とは、猿を金気の精とみなし、その本性の殺気を抑制するための呪物なのである。従って、その扱いは、きわめて残酷で、まず猿の手足をしばってその自由を拘束し、その布も赤色、つまり火を象り、「火剋金」の理で、この猿をいためつけているのである。

厳密な意味で、罪のない人間などはいないから、人は金気の庚申の断罪が、自分の身に及ぶことをおそれ、庚申の象徴としての猿を括り、火で剋してその活動を封じようとしているのである。

家族一人一人の身の安全の為に軒先に家族の数だけの括り猿を吊り下げ、その殺気を抑制する呪術としている訳である。

2 正月及び産育民俗にみられる括り猿

①「サルボボ 児 呪 長野県北安曇郡その他で猿ぼぼというのが括り猿のことである。布でつみ細工につくる。小谷地方では、正月十五日のおんべ竹に、他の括り物とともに括りつけるので、ククリザルといった。福岡県北岸の諸郡では祭礼の日の幟の下端におもりのように下げるが、これをサルヒョウと呼んでいる。」

②「サルハジキ 児 三重県宇治山田市（伊勢市）近くの松尾の観音堂では、二月初午の日の賽日に必ずこれを買ってくる習わしになっていた。猿ハジキは短い竹の先に鶏の毛をつけ、綿を赤いきれで包んだ猿で、竹の最下部に弓形の小さな竹がつけてあり、弾いて遊ぶ玩具（俗芸二ノ二）。」

（二例とも『綜合日本民俗語彙』より）

〔考　察〕

括り猿は庚申信仰ばかりでなく、正月の祭りの幟にも、吊り下げられる。正月は木気。従って木気の敵の金気の猿を括り、その自由な作用《はたらき》を抑え込むのである。

幼児は生気に溢れ、生長期にあるものなので、金気、即ち殺気を最も忌む。金気・殺気の象徴としての猿を括ることによって、子供の無事成長の呪術とした。猿の背守《せまもり》はその呪物である。

或いはまた、テルテル坊主もこれらの括り猿の変化したものではなかろうか。三合の法則によるときは、既述のように申は水の始めなので、それを縛ることによって、祈晴の呪物としたのである。願いが適《かな》って、晴天になった時には、テルテル坊主には酒を振りかけて水に流すことになっている。猿は猩々伝説にもみられるように酒好きである。テルテル坊主の事後処置からもこのように推測される。

(二) 三合の「申」――水始・陰始としての「申」

其一　春日大社の申祭

はじめに

春日大社の例祭、即ち「春日祭」は現行は三月十三日であるが、明治維新前は毎年二回、旧二月と十一月の上申日《かみのさるのひ》に行われたので、「申祭」といわれた。

何故、春日大社の祭りが「申日」に斎行され、またそれがこの大社最大の祭りの呼称にもなって来たのだろうか。
この場合、「申」とは十二支中のそれを措《お》いては考えられないが、この「申」の負う法則は、古代中国の哲学、宇宙観である易・五行を基盤とするものである。

1 「申」の特質

「申」の特徴的性情は、

- 陰始
- 水始

の二つである。

即ち、一年を陰陽に分ければ、秋は万物結実の時であるが、同時に凋落の「陰」の時。その秋とは、申・酉・戌の三ヵ月、「申」はこの三支の始め、秋の始めなので、「申」は「陰の始め」、「陰始」である。一方、「申」は、申・子・辰の水の三合の法則においては、「水の始め」「水始」でもある。

この「申」における「陰始」「水始」の二つの特徴が存分に取入れられているのが、春日祭ではなかろうか。

2 「陰始・申」と春日祭

今更いうまでもなく、

・天皇の本質は「陽」、その徳は「乾《けん》」、
・皇后の本質は「陰」、その徳は「坤《こん》」、

不比等以来、代々皇妃をその一門から出しつづけて来た藤原氏は、天皇家と陰陽の関係を以て、存在しつづけて来たことになる。

日本国の中枢・天皇家における陰陽の調和は、そのまま宇宙の大調和に通ずるもので、それは直ちに国家の命運に関わって来る。

日照降雨のバランス・五穀豊穣・国家安穏等、すべてはこの調和の上にはじめて期待されるからである。

こうした意味でこの藤原氏の氏神、春日大社の祭日が「申」ということは、真に理に適《てき》っているものと思われる。

3　「水始・申」と春日祭

「三合の法則」に照らして考えてみるとき、「申」は、「申・子・辰」の水気三合においては、「水の始め」「水始」でもある。

旧十一月は「子月《ねのつき》」なので、冬季の春日祭は、「子月申日」に還元され、申子辰（辰は欠いても可）の三合の理で、この祭日は呪術的に「水」となる。

そこで旧十一月、子月の「申祭り」は、渇水期の奈良盆地に豊かな水をもたらすべき水祈願をこめた呪術の祭日でもあったわけである。

また、旧二月申日の春日祭の意味を推理すれば、旧二月卯月は春分を含み、木気の中枢・正位。稲をはじめ穀物象徴の月であって、伊勢神宮の祈年祭《としこいまつり》も元来はこの旧二月の斎行であった。水気は「水生木《すいしょうもく》」の理で、木気を生み出す母である。二月申日の祭りも、この理により穀物祈願という重大な意味を潜在させている日取りと考えられる。

4 大原野神社の祭——その祭祀方位、及びその「申」を欠く理由——

京都西郊にご鎮座の大原野神社は平安遷都に伴い春日大社のご神霊が分祀された社である。分祀の理由は藤原氏出自の皇妃の参詣の便宜のためであって、当然そのご祭神は春日大社と同じくタケミカヅチを主神とする藤原氏由縁《ゆかり》の四神である。従って祭日も同じ筈であるが、大原野神社の祭日は子月子日と、卯月卯日の冬・春両度で、ふしぎなことに「申日」はここにはみられない。

その理由は恐らく奈良と異なり、平安京は三方に山を負い、古来、風雨、取分け水害が多く、そのため水を招《よ》ぶ「申」が避けられたためであろう。

祭日における「申」という日取りは、いかにも目立ちやすい。そこで、水を招びやすい「水始」の「申」は、当事者たちによって祭りの日取りとして好ましくないとされ、その「申」を秘《ひそ》かに方位でとることにした。つまり京都の皇居から正確に西方三〇度、「申」の方《かた》に春日大社のご祭神を分祀し、これを大原野神社としたのであった。

5　春日大社摂末社の祭日

春日山中には御蓋山《みかさやま》山頂ご鎮座の本宮《ほんぐう》神社をはじめ、高山《こうぜん》・鳴雷《なるかみ》等、多くの摂末社が祀られているが、そのご祭神はいずれも水の神々である。それを裏書きするように各社の祭日は水に深く関わる日取りである。

たとえば本宮神社は旧十一月九日（現行は新暦の同日）である。

「申」は十二支の九番目なので、九日とは「申」を象徴すると思われる。この例は日本の祭りに度々みられることで、これによって祭日を毎年一定にすることが可能である。

九日を「申」と解すれば、この祭りは、

・子月申日《ねのつきさるのひ》

ということになり、ここに「申・子・辰」（辰は欠いても可）の水の三合の法則が現出し、疑いもなく水祈願の祭りとして捉えられる。

一方、鳴雷社の祭日は十一月二十六日。五行の法則によれば、

・水の生数《せい》は一、

・水の成数《じょう》は六、

である。水の正位、「子」は生数の一、二十六日は、その盈数《えいすう》を払えば、成数の六、となる。一と六は水の「体」と「用」を現わす数で、この両者を併せることによって十分に水の活躍が期待されたのである。

氏神を祀る社は祖霊を崇敬すると同時に、その地域の、民生の幸せをもっとも祈念する聖地でもある。社とその地域を切り離しては考えられない。

・水不足に悩む平城京の春日大社
・水害をおそれる平安京の大原野神社

この両社は共に藤原氏の祖霊を祀る神社ではあっても、民生を考える場合には、その祭日は同一ではあり得ない。山は常に水の源である。本社の申祭りを扶翼するために、その山中の摂末社においては、一層その水に対する呪術が強化されるのである。

6 柳田国男の『祭日考』

柳田国男の『祭日考』は春秋両度の氏神祭りについての詳細な論考である。その結論は凡そ次のようになろう。

「古代において祭りは原則として春秋二回であって、太政官符の発令された十世紀の頃は、二・四・十一月が祭月として定められていた月であった。収穫期でもない厳冬の旧十一月が祭り月となっている理由は、九月からの厳重な物忌みの期間として二ヵ月を必要としたからである。それに対し春には神を迎えるという意識があり、二月が祭りの開始月であったが、それにつづく物忌みの期間がながく、その後の方が重視されて四月もまた祭月として固定し、こうして二・四・十一月の型が成立した。」

ここから柳田の祭りの時期についての考察の根底にあるものを考えると、それは結局、次の三点にしぼられる。

①自然周期（春↓秋）と、稲作周期（播種↓収穫）。

②この二つの周期に関連しての神迎え。

③この神迎えについての厳重な物忌み。

柳田の注目した祭り月の十一月と二月の組合せ、又は十一月と四月の組合せを十二支に置き換えると、十一月・二月の型は「子・卯型」、十一月・四月の型は、「子・巳型」となる。そうして十一月は双方の型に共通するから祭りにおいて最も重視されているのは「子」ということになる。

またこの二つの型の中では十一月・二月の組合せが古いと推測されているから、結局、祭りにおいては、「子・卯型」が基本型と見られる。

柳田はこの自然周期・収穫時期に合わない「子・卯型」の来由を、すべて物忌みの期間の必要性によると推理している。つまり柳田の場合、その問題点の解決はすべて物忌みに皺よせされることになる。物忌みは祭りの重要ポイントには相違ないが、果してこれがそれほどの万能薬であろうか。現代人からみれば神迎えのために厳重な物忌みをした、それに多くの時日を費《ついや》したといわれれば、古代はそういうものかと納得する。しかしそれは今の心で余りにも合理的に捉えられた古代であって、古代の祭りを支配した原理はもっと別なものではなかったろうか。

7 子・卯結合型の意味するもの

たとえば践祚大嘗祭は天皇即位に不可欠の日本最大の祭りであるが、その日取りは旧十一月、即ち子月の中卯日と定められ、この祭りが祭り月と祭り日における子・卯型であることを示している。祭りのみならず白鳳期の遷都・葬礼にも子・卯型は重視されているが、これら一連の子卯型の謎に対し「物忌み説」は全く無力である。

その謎を解く鍵こそ十二支の各支の負う本性、法則と私には思われる。

即ち、子月は冬至を含み、陰の時ではありながら前月の亥月の全陰とは異なり、一陽が下に来復している季《とき》、天上には既に春が来ているときである。子《ね》は十干では、「壬・癸」。その壬は妊《みごもり》で、生命の萠《きざ》している象《かたち》である。そうしてその萠している春、或いは生命の芽は、立春を経て冬至から数えて九十日、卯月の春分に至って全《まった》き地上の春として顕現する。

子《ね》がこもり、萠しを意味するならば、卯《う》はそれに対し、顕現、出現を意味する。こもっては出、出てはこもる。その循環の理によって天皇命も、氏族の命運も、一家の存続も、穀物の実りもすべて規定、保証される。

子卯結合の象徴するものは天地人の三象に共通する永遠の輪廻の相である。その子と卯が祭りの月に選用されているのであって、春日大社・大原野神社両社の祭りにみられるように、たとえ祭り日の相違はあっても、子・卯の祭り月の組合せは同じである。子・卯の相関は祭りの原理そのものといえよう。

同時に春日大社の申祭の「申」も、祖霊崇敬と、地域社会、ひいては国家の安穏祈求という深遠な意義を負うものと解される。

其二　河　童

「水」は「申」に生まれ「子」に旺に、「辰」に死す。この「申・子・辰」が揃えば、三支はすべて水一色に化するのである。この場合、正位の子が含まれれば二支でも三合は成立する。その好例が「河童」で、胴体が猿《（申）》、頭が鼠《（子）》、背に北方、つまり水の象徴である亀甲を背負うこの怪物は、正にこの水の三合の造型である。

「申」即ち、猿は、水の三合の生気で、水の始めなので、河童の場合もまずその重要な胴の部分が猿となっているわけであろう。

九州地方で河童をエンコウ（猿猴）といっている事実も、猿と水との深いつながりを示しているものである。

其三　昔話「猿聟入り」

全国的な規模で日本に汎《ひろ》く流布している昔話「猿聟入り」も、この猿が十二支の申であってこそ、初めて成立可能な話なのである。

「日照りで田の水が涸《か》れ、父親が水を引いてくれるものがあれば娘をやってもよい、とつぶやくと猿が来て、田へ水をひいてくれる。また猿が畑仕事を手伝ってくれる。三人のうちの末娘が父の頼みをきいて猿の嫁になる。しかし里帰りのとき、臼を背負っていた猿は川に落ちて流される……」

（大塚民俗学会編『日本民俗事典』）

田に水を引くことは、農事の始め、そこに三合の法則では水の始めである「申」、即ち猿が登場し、その水でまた猿は生命を落とす。

「申」は本来は金気であるが、この金気は、「金生水《きんしょうすい》」の理で、たくさんの水を生む母でもある。いずれにせよ、猿と水との関係は深く、民話や民俗の中の猿はこうして「申」が負う法則のままに先人達の手によって縦横に活躍させられているのである。

それらの例はなお数多く挙げられるが、おわりにこの組合せがみられる祭り・民俗の例を見、それによってその理由を推理したい。

其四　「馬」と「猿」の組合せ諸例

1　厩祭《うまやまつり》

「正・五・九月などのきまった日に厩の祭りを行ない、悪魔祓いの祈禱をする。金沢では越中二上村の猿舞が、正・五・九月の三度、まず藩主前田家の厩で猿を舞わし、それから家中、村々をまわっていた。江戸でも将軍家出入りの猿屋が正・五・九月の三度、武家を廻って、猿を舞わせていた。厩祈禱をするのは、いずれも猿を舞わせることを職業とする猿屋で、後には猿まわしとして独立の芸人となるが、本来は厩祈禱を行ない、安全息災を祈願し、また修法によって病を治す馬医を兼ねたものであった。最近でも厩の守札に猿の駒引図を貼ってあるものがある。阿蘇地方でも馬は元来、猿の飼うもので、人は猿に教えられて馬を牽くことを知ったという伝承があり、厩は申の方角に向けて建てるという。猿を厩の守護とする信仰から厩祈禱に猿屋が関与する風が出たものであろう」

（大塚民俗学会編『日本民俗事典』）

〔考　察〕

厩祈禱《うまやぎとう》の行われるのは、正・五・九月。これを十二支におきかえれば、寅・午・戌で、火の三合である。この三支の合は火一色なので、火の盛んな象《しょう》となる。

取分け「午」はその旺気に当たるが、この火の旺気をもっともよく具体的に示すものは、この、「午」、即ち「馬」が常時、棲むところの馬屋（厩）として、先人達は捉えていたものと思われる。

要するに厩とは、正に盛んな火気の象徴物なのである。

火気の盛んな象として第一に挙げられるのは「火事」、及び「日照《ひで》り」である。

火事が凶事であることは無論であるが、日照《ひで》りもまた凶災である。日照《にっしょう》は五穀にとってもっとも大事であるが、降雨を伴わない日照《にっしょう》は、「日照《ひで》り」という天下の災害となる。そこでこの盛んな火気を中和する呪術として、水が必要となり、ここで猿が登場する。

猿は「申」であるから、申・子・辰の水の三合では水の生気、水の始まりである。

一方「申」は「申酉戌」の金気の始めでもあり、金生水の理で、申はここでも水を生むものである。

・寅は火の始め
・申は水の始め

そこで火の始めの正月に、水の始めの猿をまず舞わせることになるわけで、以後、つづいて五月にも九月にも猿は厩に来るわけである。『一遍聖人絵伝』には、猿が厩につながれている図がみられるが、これは水気豊富な猿が、常時、厩にあって、火種ともいうべき厩を守っていることを示すものであろう。

将軍家のお膝元の江戸では、正・五・九月の三度、猿屋が厩を廻り、猿を舞わせたといい、厩における猿の活躍が顕著である。

これについて先に挙げた事典の解釈では、単に猿を厩の守神とする信仰に基づくものとして、その理由は示されてはいないが、私見による理由づけは上記の通りである。

そこで終りに首都の江戸におけるこの呪術の真の狙《ねら》い、目的について一言したい。

結論を先にいえば、首都における馬と猿に関わるこの呪術はあくまでも天下国家のためのものであり、その究極の狙いは、「日照降雨の調整」と「大火予防」にあり、単なる馬の病気の予防治癒に終わるものではない。

古く馬は天下第一の祈晴祈雨の呪物として神前に奉献された（これについては拙著『陰陽五行と日本の民俗』一三一頁参照）。

このように馬の負う役割が国家的規模のものであった以上、後代においてもそれは同様であったはずである。

火の旺気を象徴する馬は、既に単なる馬ではなく、社会全般の火気の過剰を象徴するもので、この馬によって象徴される火の旺気を中和することは、大火と日照りを予防する功徳《くどく》をもつものであった。

当然、この馬に配される猿も、単なる猿ではなく、五行における金気、或いは三合の法則における水気の始めとしての「申」で、天下に日照降雨の調和をもたらし、大火を防ぐ重要な呪物と見做されていたに相違ない。

江戸におけるこの馬と猿の関係は、そのまま日光の東照宮にも移され、同宮の神馬の厩舎の上部には判然と三猿が刻されている。

三猿は庚申信仰との関連においても考察されるべき問題であるが、ここで三合の法則に照らしてみても、その「三」の数は火気の生旺墓の三つの段階を、それぞれ水剋火の理によって調和する役割を課されている三匹の猿と考えることも可能である。

2 馬医としての猿屋

馬は明治以前の日本においては、都市（武家社会）、農村（農民社会）を問わず、重要な動物であって、その健康管理は大きな関心事であった。

この馬は火気、即ち陽気が勝っているので、それに因《よ》る様々な病も当然、考えられる。漢方の医術の要諦《ようてい》は、すべて陰陽の中和、と病気の予防にあるので、ここに水気、即ち陰気の猿を配して、凡そ予測される馬の病はすべて未然に防ぐことが考えられ、「馬医は猿屋」ということになっていたと思われる。

猿と馬の関係は、大は国家的規模のものから、小は馬の健康に至るまで、多くの面からの考察が必要とされるのである。

其五　正月の猿

猿屋は厩を管理したが、火の始めの正月には、ことに水の始めとしての猿の活躍が期待され、その余波が正月には厩のみならず、ひろく江戸市中を、猿屋が猿を舞わせるために廻る民俗となったものと思われる。

(三)　支合の「申」

「申」は「巳」と合して水気となる。詳細は『五行循環』をご参照。

㈣　易と「申」

七月（申月）　和名　文月《ふづき》

七月の卦は䷋、「天地否《てんちひ》」。

「天地否」は上卦が☰、「天」で、下卦が☷、「地」であるから、上が天、下が地で、天地が各自その処を得て、一見、非常によいように思われる。

しかし、『易』は別の見方をする。つまりこの卦は、天は天、地は地と隔絶してしまっていて、その間にこの両者の交わる気配が一向に見えない。従ってこの卦のなかに潜められている象は「否」、要するに年地間の道は、閉塞して通じないと見る。

天地否《てんちひ》

天地間の往来・交合がなければ、万物の生成発展は到底のぞめないから「否」となるわけである。天地往来の気配がないと同時に、申月は、下から増えつづける「陰」の気が、「陽」の気を逐いはらって勢いを見せるときでもある。表面には陰の気はまだそれほど現れてはいないが、内部には陰気が充実している。

旧七月は現在の八月から九月、秋のはじめで草木の枯れはじめる季である。

人間界にあてはめれば、この天地否は上下の意志疎通を欠き、小人が時を得て、はびころうとするとき、そうして治から乱へと移って行くときである。このような時には君子はむしろ退いて時機をまつことを『易』はくり返し説いている。

酉《とり》

動物……鶏
意義……「酉は就なり。八月黍《きび》成り、酎酒を為《つく》る可く、古文、酉の形に象るなり」（『説文』）
「酉とは万物老ゆるなり」（『史記』）
「酉は象形、酒を醸造する器の形に象る。酒は秋八月、黍が成熟してから醸造する故に、成る、老いる等の義に用いる」（『大漢和辞典』）

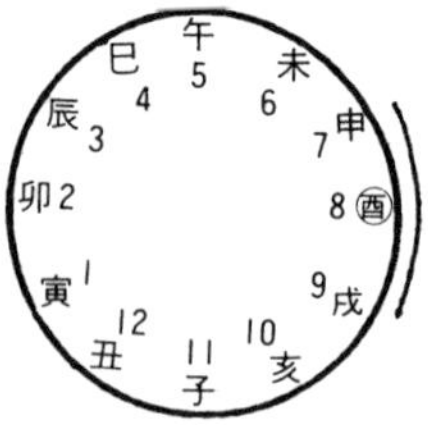

㈠　五行の「酉」

金気正位としての「酉」

十二支……第十位

方位……正西三〇度の間

月……八月

時……午後五時より午後七時まで

季節……仲秋　八月白露より九月寒露の前日まで

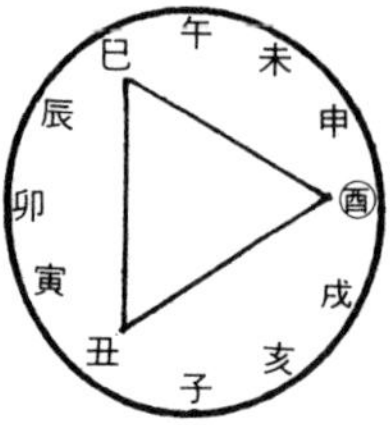

㈡　三合の「酉」

巳……生

酉……旺

丑……墓

巳・酉・丑の三支は合して「金」と化す

(三) 支合の「酉」

子丑……土
亥寅……木
戌卯……火
辰酉……金
巳申……水
午未……土

辰・酉の二支は合して「金」と化す

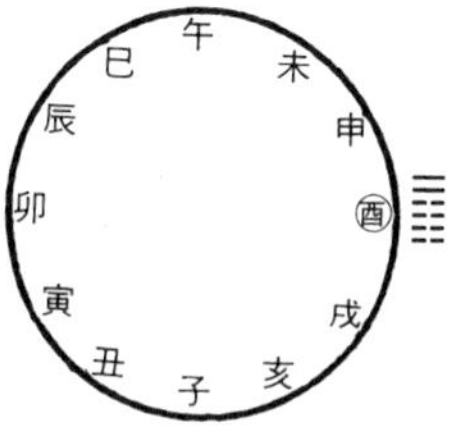

(四) 易と「酉」

酉月　消長卦　䷓風地観《ふうちかん》

(一) 五行の「酉」——金気正位としての「酉」

其一 お酉様と酉市《とりのいち》

酉市は東都年中行事の一つで、十一月つまり子月酉日に斎行で、中でも浅草の鷲《おおとり》神社が最も有名である。当日売り出される熊手は福を取り込むということでひろく知られ、現代でも盛行している。つまり、「お酉様」は福神なので、十一月中に、一の酉、二の酉、と執り行われ、年によっては三の酉まである。これ程、念入りな祭りも少ないが、これにはそれなりの理由があるはずである。

〔推　理〕

子……水気正位、一陽来復

酉……金気正位、易は、兌卦、少女凹の象

「酉」は稲を始め穀物の結実・収穫を意味し、「子」は結実した種実の再生象徴の時である。また、子月に必ず廻《めぐ》って来る冬至、即ち、一陽来復の「復」は、俗耳に入り易いように、「福」の字におき替えられることもある。

「復」が「福」に通じるならば、「酉《とり》」も「取り込む」の「取」になり、子月酉日のお酉様は「福取り」の神として信仰され繁盛し、その福を掻き集める熊手が縁起ものとして売り出されるのも極めて自然な成行きである。

一方、易の八卦で正西に配当される兌卦☱にみられる凹みは、口の象とも、財宝を始め、いろいろのものの貯まるところとしても解釈される。

口の象ととれば、それは神の託宣を告げる巫女となり、また凹みの象とすればその巫女は鼻の突起がなく、あべこべにそこが凹んでいる「オカメ」であり、別名、「お多福」という福神である。

この「お多福」が、お酉様の象徴として熊手の中央に据えられているのも周知の事実である。要するに「お酉様」も「熊手」も「オカメ」にしても、その背後にあるものは、すべて祭日の酉日の「金気」である。この金気の受け取り方にはいろいろの種類があるが、これを財宝の象徴とするとき、取分け強烈な信仰対象となるのである。

第13図　酉市の熊手
（橋本富美子画）

或いはまた、「子月」の「子」は水の正位、「酉日」の「酉」は金気の正位であるが、金気は「金生水」の理で、水を生み出すもの、水の母である。

子月酉日は、水で満杯なので、お酉様は水の神でもある。

子月の中に、二度ならず三度も酉日がある年とは、お酉様の出番が多い年である。「水剋火」の理で、水は火をやっつける。お酉様の出番の多い年とは、つまり火事の多い年ではなかろうか。

「三の酉まである年は火事が多い」とは、江戸以来の俗信である。そうしてこの俗信は裏返せば、お酉様が火防の神であることを示している。

乾燥する冬、江戸の町の大敵は火事であった。その火事を抑えるお酉様は、この意味でも福神なのであった。

其二　金鶏伝説

①「仙台侯の豎大槻玄沢が語りしは、奥州栗原郡三の戸畑村の中に鶏坂と云あり。此所よりさきの頃、純金の鶏を掘出しけることあり。其故を尋るに、この畑村に、昔炭焼藤太と云者居住す。その家の近きより砂金を拾ひ得たり。因て遂に富を重ぬ。故に金を以て鶏形一双を造り、山神を祭り、炭と倶に土中に埋む。因て其所を鶏坂と云こと、貞享三年の印本『藤太行状』と云るに載たりと。又文化十五年の四月、その処の農夫砂金を拾はんため山を穿しに、岸の崩れより一双の金鶏を獲たり。重さ百銭目許《ばかり》にして、山神の二字を刻りつけ有ける。」（松浦静山『甲子夜話』続篇十三）

②「鶏の伝説は甚だ多きやうにて候　中世豪族の占拠したる所謂館《たて》といふ地には、殊にこの鶏の口碑多く、やはり黄金にて作りし鶏を埋めたりとか、其の鶏が時々出でて時をつくるなどいふ話は、私の知つて居る物だけでも四五ヶ所之れ有り候、唯此の地方にては鶏を以て山の神と祀りし例は未だ聞かず。」（柳田国男『石神問答』佐々木氏との往復書簡より）

③「阪和電車の府中駅から奥へ二十丁入つた黒鳥山に玉塚と言ふ壕をめぐらした円墳があつてこの円墳で正月元日の朝、金の鶏がなくと言ふ。

玉塚の近くに大木と言ふ所がある。大きな木があつたのだと言ふ。そこへ金を千両埋めた坊さんがあつて歌をよんだ。

朝日照り夕日かがやく大木の下小判千両後の世のためと言ふのがそれである。恐らくこの金が玉塚にあるんだらうと里人は言ふ。日本に広く行はれてゐる金鶏譚の一つである。

玉塚から北へ一里。信太山演習場の北端、鳳中学の西に、荒塚又は黄金塚と言ふのがある。ここでも正月元日に黄金の鶏がなくと言ふ。この塚は見はらしのいい丘で泉北の野は一望の中にある。」

（宮本常一『旅と伝説』第二十五巻）

④「財宝の埋蔵地点について、古い長者伝説では「朝日映す、夕日赫《かが》やく樹の下に、黄金千両、漆万杯」というのが多く、あるいは具体的に三葉空《うつぎ》木の根の下とか、白南天の花咲く所というのもある。

金鶏伝説は長者伝説の一種で、黄金の鶏は「黄金千両、漆万杯」に当り、「朝日映《さ》す、夕陽赫やく云々」という視覚的暗示を、鶏の鳴き声という聴覚的ヒントに置き換えたものにほかならない。

富山県五箇山郷の人里離れた山の奥に、その昔、黄金の鶏一双を埋めたと伝える鶏塚と呼ぶ古塚があり、毎年元旦の暁になると金鶏が塚より出て鳴く。たまたまこの声を聞いた者はみな分限者になったという。」

（山口健児『鶏』法政大学出版局）

〔推　理〕
鶏は正西に位する金気の生物、即ち金畜である。但し鶏は早旦、寅刻（木気）に刻《とき》を告げるので木畜とされることもある。
しかし本来は金気の生物なので、黄金とは切っても切れない密接な関係にある。鼠からはじまる十二支獣の中で、鶏ほど黄金の似合う生物はいない。その理由は只一つ、金気の正位にいる生物は、鶏だけだからである。従って「金鶏伝説」とは、生れるべくして生れた伝説といえよう。
そこでその伝説の中味をみると、やはりその道具立ても、納得の行くものばかりである。まず、木、それも朝日夕日の照り輝やく木で、その下の山の中の土、これが金鶏の埋まっているところである。五行で書き直すと、
木生火（朝日夕日を「火」ととる）、火生土、土生金、
の相生関係がつづく。「山」は巨大な土気、その土気の中から金鶏を生み出す母なので、山の神と金鶏の間柄は親密なはずである。この風習の始めには金鶏は、「山の神」への奉賽物であったに相違なく、それ故に『甲子夜話』にあるように、この金鶏には「山神」の二字が刻されていたと思われる。

其三　水死人を浮上させる鶏

「にはとり。水に溺れたる死骸をたづぬるには、鶏を舟にのせて浮かむれば、尸骸《しがい》あるところにて、時をつくるといひ伝へたり。諏訪の湖にても、沈没の人あればこの法をせりとぞ。」
（『倭《わ》訓《くんの》栞《しおり》』）

『倭訓栞』は谷川士清《ことすが》著の国語辞書。九三巻。一七七七年から百余年がかりで刊行された。鶏と水死人との関係についての俗信は、中世以来ひろく行われていたらしく、その例は謡曲の中に見出される。

謡曲「舟橋」は、世阿弥によって田楽能から作りかえられたものといわれる。その粗筋は、

「佐野の辺りに、舟橋を渡って、女の許に通いつづける男があった。女の両親がその男を嫌って、橋板を取り外したが、男はそれを知らず、踏み外して水死した。男を探しに来た女もまた落ちて死ぬ。水死人の真上では、鶏が鳴くという言伝えをきいて、鶏を探したが、佐野には鶏がなかったので、二人は浮かび上れず、地獄におちて鬼に責めさいなまれていたが、結局は山伏の法力によって成仏した。」

というのである。

「水死人の上で鶏を鳴かせると、遺体が浮び上って来る」というのは、謡曲のほか、その例は浄瑠璃・歌舞伎の中にも見出すことが出来る。

『菅原伝授手習鑑』は『忠臣蔵』『義経千本桜』と共に、三大名狂言の一つとして、今も尚、

度々、上演されるが次のような筋立てが劇の運びの中にある。

「道真の生命を狙う悪人が、早朝、道真を連出す手として、先ず自分の妻を殺し、これを池に埋め、その上で鶏を鳴かせて、一番鶏といって菅公を連出す。しかしこれが菅公の木像であったため、菅公は難を逃れた。」

いかにも荒唐無稽な話というほかはないが、

- 水死者の上では必ず鶏が鳴く。
- 鶏を舟に乗せて行けば、水底の水死者が必ず浮いて来る。

という俗信がいかに真実味を以て巷間に流布していたかを十分に窺わせるものである。

しかし、これほど日本社会の上下にひろく浸透し共通了解事項となっていた俗信にもかかわらず、この俗信の根拠、あるいは理由については従来、不明とされて来た。一見、容易に糸口が見つからず難問と見えるが、これは五行の理で解けば容易に解決出来る問題である。

この俗信の根底にあるものは親子、取分け「母子の情」と「五行の理」の二つである。親子の情、といえばまず『義経千本桜』の「狐忠信」である。この狐は両親の皮を張った「初音の鼓」の音がきこえれば、その場に立ち処に現れる可憐な狐である。

こうした親子、或いは母子の情のテーマは日本人の心情に格別に訴えるものであるが、この心情を背景としてその上に、五行の理を展開させたものがこの俗信である。つまりこれは「土生金」の三字の法則で解ける謎で、分析すれば次の通り。

水死者（土左衛門）……土 ──生──→ 金……鶏（鶏は金気）

（母）　　　　（子）

土気は水死者、金気は鶏である。土気と金気の関係は「土生金」即ち、土気は金気を生み出す母であって、この関係からいえば水死者は「鶏の母」である。

母は子が啼《な》けば何処にでも直ぐ駈けつけるものである。従って鶏を舟にのせて鳴かせれば水死者は立ち処に浮び上って来るはずである。

この逆が『義経千本桜』の狐で、この場合は鼓の音にこめられた親の声に子が直ちに感応して、その場に現れる。親子の立場を異にしてはいるが、その間に共通するものは、親子間の声に感応する情である。

其四　謡曲「善知鳥《うとう》」

謡曲「善知鳥」は、現世で鳥獣を殺すことを渡世の手段としていた猟師が、死後、化物と化した鳥の物凄い報復にあうことをテーマとした話である。

地獄におけるその鳥の恐ろしさは、まず鉄《くろがね》の嘴、銅《あかがね》の爪、荒く羽ばたく双の羽。その羽に追い立てられて逃げ場もなく、目は突つかれ、肉は喰いさかれて日夜苦しむその境界から亡霊として現世に借りの姿をみせた猟師が、陸奥外《みちのくそと》が浜に立ち寄った旅の僧に助けを求めるという筋立てである。謡曲「善知鳥」はまぎれもなく仏教説話ではあるが、その副題の一つは、「五行の理」と推測される。即ち現世ではやさしい鳥であったものが、実はそれとは似ても似つかぬ恐ろしい化物であって、鉄の嘴、銅の爪で罪人とみればおそいかかる強さは、正に金気のもつ剛強性そのものである。剛強と並んで金気の本性は「従革」、変化することである。此世ではおだやかでやさしい鳥が、本源である彼世では、「金畜」の本性を露《む》き出しにして不義を徹底的に撃《う》つ。その変化と報復の激しさは正に金気のものである。

其五　迎春呪術の「鳥」

酉（鳥）は金気の正位、旺気である。この金気の鳥を追うこと、攘うこと、殺すことは、次節犬のそれと同じ原理で、金気を叩き、木気を扶ける迎春呪術ではなかったろうか。そこで正月行事の一つ、「鳥追」を考察する。

① 「トリオイ。鳥追を今でも小正月の正式行事とする農家は、東北地方に若干の例を存するのみで、それも多くは少年の所管に帰しているが、この日の唱えごとには全国的に共通したところがあり、

痕跡としての一致は最も著しい。かつては新年の祝の日に追うておかぬと安心しておられぬほどの鳥の害が、どこの田舎にもあったことが想像される。鳥追に追われる鳥の種類も、土地によって違っていた。「頭切って尾を切って、俵につめて海に流す」などと歌ったのは秋の刈入れ前に群れてくる雀類であろうが、武蔵杉山神社の田遊び歌では、ことに苗代を踏み荒す鷺と烏とを憎み、寒い東北では鴨類が春の帰りがけに田畠に下りて食い荒らして行くことを気にしていたようである。いずれにしても鳥追唄の朗かさは、今ではむしろ少年の久しい冬籠りに倦んでいたものが、外に出て新年を歓呼する声のように聴きなされるが鳥追の期日は或は八月の朔日、稲の穂のようやく孕もうとするときに行われる例もあって、以前の目的はもう少し実際に近かった。静岡県富士郡には、節分を鳥追という村がある。・・・福島県石城郡豊間村の鳥追は、十三歳の少女が、十二、三、四の三日間、朝晩水を浴びて身を浄め、三人が踊り、他のものは羽子板を打って調子をとる……後略。」

（『綜合日本民俗語彙』巻三）

②「トリゴヤ。鳥小屋という名称は茨城・栃木・福島県にもひろく行われ、通例正月十四日の日暮、または十五日の未明、トリゴヤヤキといって火を焚く行事であるが、そのために、小屋をかけ、鳥追の歌をうたうによって、この名がある……後略。」

（同右）

〔推　理〕

日本人は予祝行事が好きである。正月行事では、雪の庭先や、神社の拝殿の床を田に見立て、そこに小笹をおいたり、榊の葉を並べたりして稲に見立てる。正月の鳥追行事も、目出度い年の初めに、実りの秋の実景を心に描き、そのときの有様を前以てしているのかも知れない。秋の田から鳥を追う状景を事前にしているとすれば、それは正真正銘の予祝行事であろう。また諸家の指摘されるように、鳥・雀の害も今とは較べものにならないほどひどくて、年頭に当って鳥追の擬《もど》きの必要性が痛感されていたことが正月の鳥追の起源かも知れない。しかし観点を全く変えてみると、日本固有の正月行事とみられる鳥追も、中国の迎春呪術と同じ原理に拠っているかも知れないのである。つまり自然の季節の移り変りも、一方的に天にまかせず、人間の方もある程度の責任をもち、五行の理に従って、それを促す、という次節の犬の磔《はりつけ》にみられる考え方が、鳥追の中にもあるのではないか、ということである。

静岡県の例のように鳥追、即節分の考え方は、鳥追が迎春呪術であることをかなり濃厚に示す例ではなかろうか。

また鳥追の対象になる鳥の種類が定まっていたこと、たとえば鷺とか鴉とか鴨などのように特定の鳥であったらしいことは、鳥追が春迎えの呪術であることを示すのである。白の鷺は金気、鴉の黒色は冬、冬鳥の鴨もまた寒気を象徴し、それらを追うことは春を呼ぶ手段となり得るのである。

鳥追行事の中には、「鳥小屋」のように火を伴う場合も多い。火剋金《かこくきん》で、金気の鳥をよく殺すものは火であり、鳥の死によって、金に剋される木気は救われ、春は完全に春になる。

福島県石城の例は十三歳の少女が三日間、水を浴びて身を浄め三人が踊り、他のものは羽子板をもって調子をとるという。十三歳の「十三」は金気の数、また少女は「兌」で、これもまた金気である。踊る三人の少女は金気の象徴であり、それ故に羽子板をもった他の少女によって追われるのであろう。踊りは鳥の飛ぶ様の擬きと思われる。

鳥追唄が「頭切って尾を切って、俵につめて海に流す」などといって、残酷であると同時に、海に流す、追放するという意味がこめられているのも、鳥追が迎春呪術であることを示しているように思われる。島根県八束郡北浦の浜辺で、一月六日、トンド焼の朝、トンドの側に立てられた鳥の絵を的にして神官が射るところを、私もこの目で見た。鳥を射ることは金気を殺すことである。

其六　羽子板

昔の正月の女の子の遊びの代表は、男の子の凧揚げに対して、「羽根突《はねつ》き」（追い羽根）であった。その文献上の初見は、後崇光院『看聞御記《かんもんぎょき》』永享四年（一四三二年）正月五日条の記事である。それによると女房や公卿達が男組女組に分かれて羽根突きの勝負をし、女房達が負けたので、その負態《まけわざ》（負け組が勝ち組におごること）として殿上で酒宴、深更に及んだというのである。

『下学集《かがくしゅう》』（室町時代の国語辞書。一四四四年）には「羽子板」に、ハゴイタに並んで「コキイタ」の訓《よみ》がつけられ、「正月之ヲ用フ」と註されている。

『看聞御記』には永享六年正月五日条にも羽根突きの記事が見え、『下学集』のこの註と共に、羽根突きは何処までも正月に限る遊びであったことが知られる。

「羽子板」と「羽根」とは一対のもので、その関係はピンポンのラケットとボールとのそれに比べられる。ピンポンの場合も、ラケットとボールとでは、むろんボールが主でラケットが従であろうが、羽根突きにおいては、より一層、羽根の方が重要で「羽根」を打ち、叩き、大いにこれをしごくことを目的とする。

羽子板を「こきいた」、後に「胡鬼板」と宛字したことからも、この遊びの意図するところは自明である。「こき」とは、「稲を扱《こ》く」「放《こ》く」等の動詞に由来する語で、「しごいて掻《か》き落す。外に放つ」の意を内在させているからである。

羽根のつくりは、色鮮やかに染めた鶏の羽を、真黒なムクロジの実に放射線に五枚程、突き刺したもので、この羽をよく拡げて羽子板で打ち合う。

羽根は鶏を代表するもの、その鶏は金気を象徴するものである。

この羽根を撃ち叩き、出来る限り長時間、しごくことが金気剋殺につながるので、突き損じた側は当然、マイナス点を稼ぐことになる。従って、羽根突きとは、正月に際し、その木気を扶けるための呪術であったものが、自然に勝ち負けを争う遊びと化したものと思われるが、呪術の常としていつかその本来の意図は不明となり、既に室町期の『世諺問答《せいげん》』に於いて羽根の形は虫を捕食する蜻蛉《とんぼ》に重ね合わされ、子供を夏の蚊から守るまじないと解釈されるに至る。

(二) 三合の「酉」

「酉」は金気正位故、三合でも同じく金気。その作用は「(一) 五行の「酉」」と同様なので、推理は省略する。

㈢ 支合の「酉」

「辰・酉」の支合は辰月の行事が主なので、「辰」で行った。

㈣ 易と「酉」

八月（酉月） 和名 葉月《はづき》

八月の卦は䷓、「風地観《ふうちかん》」。

「風地観」は、上卦が☴、「風」、下卦が☷、「地」である。

風地観は十二月の䷒、「地沢臨《ちたくりん》」の裏返しの卦であるが、この地沢臨が日毎に陽の気を増してゆく象であるのに対し、風地観は反対に、秋分を境にして夜が次第に長くなり、気温も下降し、陰の気が勝って行く象を示すのである。

風地観《ふうちかん》

風地観はこのように陰が次第に力を得て来たことが表面化し、陽を駆逐して行くのであるが、この陰爻《いんこう》を小人とすれば、この卦は小人の勢いがつよく、僅かに残る君子を圧迫している状態とみなされる。

このように風地観は、自然界においても、人間界においても共に増えつづける陰の気によって陽の気が衰弱して行く状態を明示する。

しかし『易』は八面からみるものであって、この風地観でも当然、別の見方も成り立つのである。つまりこの卦は自然界でいえば、地上を風が吹き渡る、という象である。

風は澱んだものを吹き払い、新しいものをもたらし、上の気を下に、下の気を上へと攪拌し、常にものを交流させる。

また地上を蔽《おお》う風は、ものを見通すものでもある。風地観の「観」は、ものをよく観察することであって、人の世界に当てはめれば、上に立つ者が下にある者をよく観察し、一方、下にあるものは、親なり上司なり、とにかく自分より上のものを仰ぎ観る、頼りにする、ということになる。

そこで、易の経文はこの卦を悪い方にばかりはとらず、上の陽爻、つまり君主が中正の徳を以て天下を観る、とし、万民はその徳によって自然に感化される、と説くのである。

以上は易の卦からみた八月と、「風地観」の意味であるが、日本の祭りと民俗のなかで、八月は注目すべき月の一つである。

戌《いぬ》

動物……犬

意義……「戌とは万物尽きて滅す」（『史記』）
「戌は威なり。九月陽気微にして、万物畢成し陽下りて地に入るなり」（『説文』）
万物が成熟して役目を終える。しかし終末ではなく、春に備えての備蓄、蓄成の意も含む。

(一) 五行の「戌」

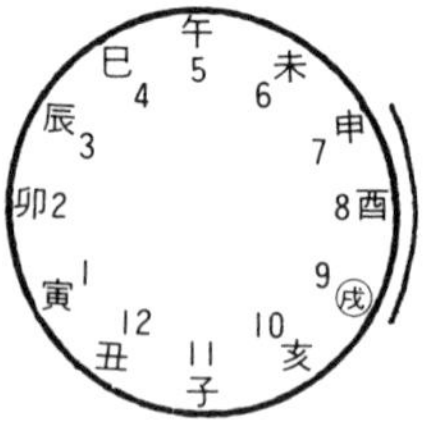

土気としての「戌」
金気の終りとしての「戌」
十二支……第十一位
方位……西北西三〇度の間
月……九月
時……午後七時より午後九時まで
季節……季秋　九月寒露より十月立冬の前日まで

(二) 三合の「戌」

火気三合の「戌」	土気三合の「戌」
寅……生	午……生
午……旺	戌……旺
戌……墓	寅……墓

寅・午・戌の三支は合して「火」と化す

(三)　支合の「戌」

子丑……土
亥寅……木
戌卯……火
辰酉……金
巳申……水
午未……土

戌・卯の二支は合して「火」と化す

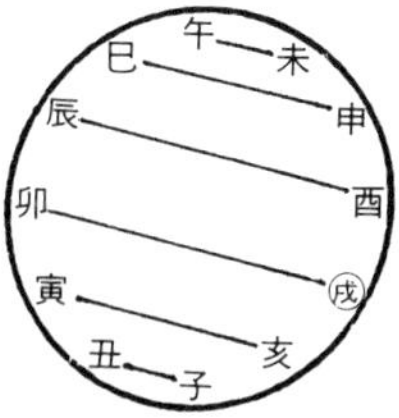

(四)　易と「戌」

戌月　消長卦
䷖山地剝《さんちはく》

(一) 五行の「戌」――{土気としての「戌」／金気の終りとしての「戌」}

其一　犬の磔《はりつけ》

金気方局の三支は、申・酉・戌。戌はその墓。即ち終りであって、季節では季秋である。
金気の特質はくり返し述べてきたように、宇宙の気の二大別、「陰陽」においては、水気と共に「陰」。これを表にすれば次の通りである。

陰陽……………「陰」
生殺……………「殺」
季節……………「秋」
本性……………「従革」
相生・相剋……「金生水」・「金剋木」

・象徴事象
殺気・革新・刷新

結実・収穫・金銀財宝
堅固・健康・寿命

金気は四季に執れば秋。秋は万物の成熟と、それに付随する枯死、蕭殺の時であって、これは生成発展の「生気の春」と正に相対の「殺気の秋」ということになる。

同時に「相剋の理」によっても、金気は、「金剋木」で、木気の春を剋殺する。

一年の始め、四季の始めの新春を無事に迎えることは、人間にとって至上命題である。そこで古人は迎春、あるいは送春に当たり、金気の犬の磔《はりつけ》という呪術を行ったのである。

「春は金気。そこで三月には都城の九門に犬を磔にして、春を送る。犬は金畜なので、「金剋木」の理により、金気を抑えて、木気を扶け、木気の春の功を完うさせる手段として犬を磔にするのである。」

（『唐月令注』より要約）

これは犬が金気として捉えられている最も明白な事例である。

隣の韓国でも、正月十五日には、「不飼犬」といって、犬に餌を与えない風習があった。磔ほどではないにしても、やはり犬を剋することによって、金気を抑圧し、木気の春を扶けているのである。

日本では都市に城門などないので、中国のような行事は見出せないが、同一の原理によると思われるものに、「餅犬」、「ソバ団子の犬」などがある。

①「犬子餅。秋田県雄勝郡湯沢町で、正月十二日に小正月の支度の市が立ち、その中に餅でこしらえた犬を売る店が出る。人々は必ずこれを買う。」

（『綜合日本民俗語彙』より）

②「犬の子朔日。新潟県中部地方で二月一日を、犬の子朔日という。刈羽郡には、この日にインノコトという団子をつくり、その団子を戸の桟に飾る。秋田県南部各郡の十五日のモチイヌと同じ。」

（同右）

③「ソバ団子の犬。岩手県北部、犬の形をソバ粉でつくり、これを桑の木に刺す小正月の行事」

（同右）

①②は、金気の白色の犬を餅でつくり、これを家の外に置く正月行事。犬の磔の変型とみなされる。

③も同様に犬の磔と同一原理による迎春行事と思われる。つまりソバの茎は根本が赤く、実は三角形。赤い色も、炎の形の三角も共に火を象る。ソバ粉でつくられた小正月の犬は、火を象る素材によって、その内側からは「火剋金」の理で、火に剋され、その外側においては桑の木につき刺されるということで、磔と同じ効果が期待されている。

其二　財宝と犬

金気は文字通り、金銀財宝の象徴でもあるが、金属の色は一般に白く、そのため金気の色は「白」。そこで金気の犬は白色がもっとも尊いとされ、霊妙な働きをする。「花咲爺」に地下の財宝を教えるのも白色の犬であった。

(二) 三合の「戌」

其一　火気三合の「戌」

三合の法則によるときには、「戌」は火気の「墓」となり、その結果、犬の肉には温気があるとされる。韓国では正月行事の一つとして犬の肉を食する風があるが、それは身体が暖まる、ということになっている。

古代中国の十二月の祭り、「臘」とは、獣を猟して、祖霊に供する先祖祭りで、冬至の後、第三の「戌の日」の行事である。

これは漢王朝の遺習であって、漢は火徳故、火気の戌の日が選ばれていると思われるが、また冬至後の第三の戌日は大寒の候に当たるので、それを犬の内包する温気により中和する意も含まれている。

いずれにしても「戌日」に斎行される臘祭の背後にあるものは、火気としての犬であろう。

第14図

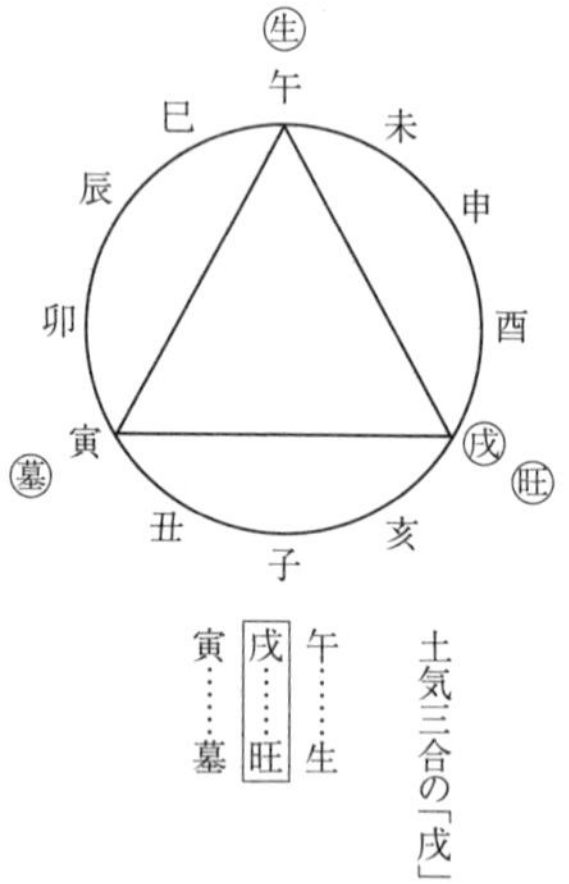

第15図

其二　土気三合の「戌」

「立春」「立夏」「立秋」「立冬」のこの「四立」の前の十八日間が「土気」、即ち「土用」である。この四つの割当てを十二支の中にみれば「丑・辰・未・戌」の四支である。

木火金水の四気が三十日間ずつ連続しているのに対し、土気の土用は四季の終りに十八日間ずつ、分散して存在する。要するに土気は各季九十日のうち、その終りの十八日間を割譲してもらい、それによって年間合計七十二日が土気の分である。

それならば当然、土気にも他の四気同様、「三合の法則」が割当てられるべきである。

この「土気の三合」には別途の考え方もあるが、日本の場合、『淮南子《えなんじ》』の説によっている。

それによれば、土気の三合は「午・戌・寅」ということになっている。

土は午に生じ、戌に旺んに、寅に死す。三支はすべて土なり　（『淮南子』）

この午・戌・寅の土気三支は火気三合の三支と同じで、重なり合うが、その生・旺・墓の順が違っている。

火気……寅（生）・午（旺）・戌（墓）火の死（墓）の三支（火の三合）
土気……午（生）・戌（旺）土の旺・寅の三支（土の三合）

1　リレー「火から土へ」の中枢にある「戌」

前表で明らかなように、

- 「火」は「戌」において死に、
- 「土」は「戌」において旺んになる。

要するに「火」が衰えて、死ぬ処に「土」がもっとも旺んになる、という。「火から土へのリレー」であって、その中枢にあるものは「戌」である。

人間は「土気の秀なるもの」、とされるが、ここに「火生土」の理を導入すれば、人間の祖《おや》は「火」ということになる。

2　「人祖」としての犬

「戌」は「火」と「土」を兼ね、しかも「火」から「土」へのリレーの中枢にある。

「戌」（犬）が人の始祖として信仰の対象となる理由はこの五行の奥深い法則のうちにかくされているのである。

「人祖の犬」民俗例

①「帯祝。長野県上伊那郡の北部では、妊娠の祝いに、嫁の里や近親から、白と赤、または黄と赤の布を七尺五寸三分に、米一升をそえて贈る。」（『綜合日本民俗語彙』）

②「帯掛。大阪府泉北郡で、妊娠五ヵ月目の戌の日に産婆を呼んで行う帯祝。布は紅白一丈二尺、閏年は一丈三尺、これに赤餅をそえて親里から贈ってくる。式が終って神詣でをし、布は子供の着物にする。

愛知県西加茂郡でも七ヵ月目の戌の日に、取上婆を頼んで腹帯をしめる。帯は紅か黄の木綿で、小豆餡を包んだ大きな餅を一つずつ親類知己に配る。」（同右）

ここに挙げた事例のように妊娠五ヵ月目の戌の日に行う帯祝の風習は、殆ど全国共通で、その要点は次の通り。

- 時……五ヵ月目、或いは七ヵ月目の戌の日。
- 色……腹帯の色は、紅（火）・白（金）・黄（土）。

・餅……祝儀の配り餅は、赤か小豆餅。

帯祝の風習には、その日取り、帯の色、配《くば》り物の色・味等、すべてに亘って「戌」の負う事象がみられる。

即ち、腹帯の日取り、五カ月・七カ月の「五」と「七」は、五は土気、七は火気の数。

帯の色の紅・白・黄は、火気・金気・土気を象徴する色。配り物の餅の小豆の赤は火気・餅の白色は金気、味の甘味は土気にそれぞれ還元される。

このように「戌の日」の帯祝にみられるものは、悉く火・金・土気に還元されるが、それは取りもなおさず「戌」の内蔵する気であって、「戌」以外の何ものでもない。

腹帯にこめられている呪術は、その質量ともに「戌」の最高度の象徴であって、それは産の軽い犬に肖《あやか》るためという「戌の日」の帯祝に対する従来の説明では到底まかない切れないものが詰込まれている。

腹帯という呪術の意図するところは、人の祖先としての犬の確認と、それによる安産保証の希求である。

換言すれば、法則の中にみられるリレーによって、直接、火から生れる犬こそ、至純至高の土気であり、それ故に同じく土気の人々の始祖とも保護者とも見做されるのである。

或いは、次の①②③例のように新生児が初外出するとき、額に鍋墨で犬の字をかく風習は「犬の子」といって全国的にひろくみられるものであるが、鍋墨とは火の燃えたところに生ずる滓《かす》で、

「火生土」の理によるときは、正に真正《しんしょう》の土気である。それだからこそ新生児の魔除けとも守りともなるわけで、犬が安産のための呪物という従来の解釈では、この風習の説明にはならない。

また③のように、佐渡で子供が大人しい時に、犬が守りをしている、というのも始祖としての犬への信頼の表われで、ここにも安産との関係はみられない。

①「アヤツコ。宮参りやハツアルキに、生児の額に墨とか紅で、大・犬という字をかく風をアヤツコという。東北地方でヤスコ、淡路島でヤツコという。本来は鍋墨で斜十文字であったが、後に×を変えて大や犬に略して点にしたり、また美しく見せようと紅や白粉になったものと思われる。今でも東北地方や沖縄では必ず鍋墨でするが、大阪周辺では男には紅で大の字を、女には小の字をかき、淡路島では、公家風に両眉の上に丸い印をつける。いずれにしろ生児の成長を祝い、魔除けの呪《まじな》いとされている。」
（大塚民俗学会編『日本民俗事典』）

②「犬の子。生児の初外出のとき額に鍋墨で黒点や犬の字を書いて魔除けとする風が広く、女児は紅で書くところもある。浜松市付近では宮詣りまでに子を戸外に出すとき、鍋墨で額に星をかき、次のような唱え言をいう。
いんのこ大の子大事な子　白い眼も黒い眼もかけんな。」
（『綜合日本民俗語彙』）

③「犬の守。佐渡の河原田町で子供が大人しい時にいう。」
（同右）

3　呪物「犬張子」

出産前後の犬に関わる呪術としては前記の戌日腹帯・犬の子などのほか、絶対に見逃すことの出来ないものに「犬張子」がある。

①「いぬはりこ〔犬張子〕玩具の一。犬の立姿の張子細工。宮参の時の贈物とするもの。昔のものは、顔を子供に似せ、体を犬の姿につくり、子供の魔除に備え、三月の節句の飾にも用いた。」（『広辞苑』）

②「いぬばこ〔犬箱〕雌雄の犬の伏した形に造った小箱。箔置《はくおき》極彩色の犬張子で、ふたがとれるしくみ。昔は婚礼の要具で、産所にも置いた。」（同右）

③「犬張子は御伽の犬箱とあり（『産所記』）、犬張子は犬の形をしたる箱なり。産屋に用いる器なり。産衣をまづこの箱に着せ、その後、初めての子に着する。箱の内には守り札、または産屋にて用いる白粉、畳紙、または眉掃入るるなり。この張子は奈良の法華寺という尼寺より天下へ出すという。」（『嬉遊笑覧』より要約）

④「犬張子。抽象化された張子の犬で、胴模様にウメ・ボタンなどを描く。室町時代から公家の産室の守りに、お伽犬または、犬筥といって、筥型の張子の犬をおいて伽をさせた。現在でも皇室では行われている。犬張子はこれを民間でまねて作ったもので、江戸後期頃かららしく、嫁入道具にも加えられた。犬は幼児を守り、悪魔よけになると信じられた。」

（大塚民俗学会編『日本民俗事典』より要約）

・犬張子の要点

1　犬張子の起源は、室町時代、公家の産室におかれた、犬箱。

2　産衣はまずこの犬に着せられ、それから新生児に着せられた。

3　犬箱の犬は人面。その中に化粧具類をおさめる。

4　犬は子供の守りとされた。

祖先神とされる動物の顔面は大抵、人面である。産衣がまずこの犬に着せられ、その後にはじめて新生児に着せられるのも、犬から人へのリレー、つまりそれは火から土へのリレーでもある。化粧具も犬から人への変身の呪具であろう。

みどり児の額にかける文字を見よ、犬こそ人のまもりなりけり　（『莬玖波集』）

犬が子供の守り神という信仰はひろく、これをみても犬は産が軽いから安産のための呪物、などというものではない。

4　犬卒塔婆《いぬそとば》

①「犬卒塔婆。千葉県香取・印旛両郡などで、上端が股になったY字形の樹枝を削って立てたもの。犬が産のために死ぬと、三里四方くらいの村々の婦人が集ってこれを立てて供養する。犬を供養

して産を軽くしようとする信仰があったかと思われる。よく似たことで、栃木県芳賀郡逆川村では正月十五日に股木を馬屋の長押《なげし》に打ちつけて厩神に上げることがあり、茨城県東茨城郡では股木に馬頭観音と書いて辻に立てるという。」（『綜合日本民俗語彙』）

②「犬供養。栃木県芳賀郡逆川村では、犬が難産で死ぬと人も産が重いといい組内の女たちが集って犬供養をする。宿は最も近く産をする家で、寺から犬卒塔婆を書いてもらい、道の辻に立てる。その文字は寺によって異なるが、卒塔婆の頭部は矢筈形につくる。茂木町でも妊娠中に犬の難産の話をきいて犬供養をせぬと自分が難産するといい、卒塔婆を立てて犬供養をする。」（同右）

③「犬日待《いぬのひまち》。茨城県北相馬郡東文間村中谷あたりで、既婚婦人の組む不動講が、正・五・九月に祭をしている。そのほか臨月の妊婦があると、ツボと称する小地域のものが集り、また付近の犬が死んでも集って講をする。」（同右）

④「犬の岡吠え。愛媛県北宇和郡で、犬が岡吠えをすると大漁があるか死人の出る前兆という。山形県の荘内地方では、これを「犬の節違え」といっている。」（同右）

⑤「犬の雲かき。犬の長吠えのこと（秋田県の俗信）。犬が雲かくときには霊が歩いていると山本・南秋田両郡でいい、北秋田・河辺両郡では犬の雲かきの方向には死人が出るという。」（同右）

・犬卒塔婆の推理

犬卒塔婆は例外なくY字状の木の枝である。何故、Y字状なのだろうか。

Y字を逆さにすれば「人」。つまり「人《ひと》」である。

このY字状の枝を、墓の側らの土に立てるのは、人を土に向って帰す意味である。そうしてそれを「犬」といっている、ということは、「犬即人」で、犬を土に帰すのは人を土に帰すことである。それは犬を人の祖霊とする以上、当然の儀礼であって、人祖として人の誕生に関わった犬は、その犬自身が死ぬときには、人として土に帰される。それは人祖としての犬に対する最高の礼となるわけである。

くり返せば犬卒塔婆は、人祖の犬を土に帰す呪術であり、犬を崇《あが》めている証拠である。しかしこのような元の情《こころ》は忘れ去られ、犬が人間の誕生に深く関わり合うのは、犬の産が軽い為であるという合理的な解釈によって、この風習が誤認されて以来、犬卒塔婆もまた、犬の出産時におけるその犬の死を悼むもの、と解釈されるに至ったのである。

これに対し、柳田国男は不審をいだき、

「犬は産が軽いもので、産で死ぬことなど滅多にないのに、犬卒塔婆が立てられる場合が、かなり多いのは何とも不思議である。」

といっている。

犬卒塔婆は本来、犬の出産には関係なく、犬が死ねばたてられていたので村のあちこちに見かけられていたのである。

③例の「犬日待」とは婦人の不動講で、正月《寅》・五月《午》・九月《戌》に行われる祭りであった。不動尊は「火の神」、寅・午・戌は「火の三合」である。この祭りを一見、何の関わりもない犬と結びつけて「犬火待」といっているのは、人祖としての犬の讃仰行事と思われる。

なお、或る文字を逆さにして、それをその文字が意味しているものの方向付けをする例は、「蛇」などの場合にみられる。「蛇」字を柱の下方に逆さにかくと、これは蛇を家屋の外に向かわせる、つまり家の中に寄せつけない呪法となる。「蛇は外に行け」という訳である。同様に「人」という字を逆さにして墓土にたてれば、人を土中に方向付けすることになる。

その逆さの「人」字をした枝を、犬と呼ぶのは人と犬の同一視であり、人祖としての犬を崇めていると思うのである。

④⑤例は、吉凶の予兆としての犬の遠吠えである。祖霊であれば当然、人間の吉凶、霊魂の姿にも反応するはずで、犬に対する畏敬の念を示す俗信として捉えられる。

5　沖縄宮古島の犬祖伝説

アマリフア峯伝説

「友利村の東方に「あまりふあ」という峯がある。この峯の中腹に峯間御嶽というのがあって、祭神は「あまりふあ大つかさとまり主」と称する男女二神であるといわれている。また、口碑によれば、峯間御嶽の祭神は倭神かんか主（鍛冶の主）と称せられる。その由来は、昔この辺一体に大津波があり、村里全部流されたが、ただ一人の女が難を免れて「あまりふあ」に住み、一疋の大きな牡犬と同居していた。

偶々一人の日本人が保良《ぼら》宮渡《みやーど》の浜に漂着し、人家を求めたけれども大津波の後であったので一面ただ砂原ばかりで人の居る様子もない。暫くして彼は砂上に犬の足跡のあるのを見つけ、犬が住んで居るなら人も居るであろうと思い、足跡をたよりに訪ね行き「あまり峯」の中腹で一人の女が住んでいるのにめぐり逢った。倭人は女の話によって大津波のあったことを聞き、更に「お前の夫は居るか」と尋ねたところが、女は「妾の夫は座れば高く、立てば低いという変った者である」ということを答えたので、倭人は直ちにそれが犬であることを知り、剣を抜いて犬を斬り殺した。これから倭人と女は夫婦になり、子孫繁昌したそうであるが、のちに「あまり峯」の中腹に御嶽を立ててその遺跡を祭り、女は「あまりふあ大つかさ」倭人は「泊主」として祭るようになった。」

(『宮古島旧記』)

「「あまりふあ」は「あまり峯」の意味で、この附近は土地が高く、大津波の時に此処だけが残って津波の難を免れたと言い伝えているが、これは「あまり」という地名に付会して生じた伝説であって、本来は「あまり」は天降りの意味で、「あまりふあ」は天降り山または天降り村の意味であろう。天から神様が天降りになって人類の初めとなられたというのは、古代日本民族の間に流布された思想であるから、宮古にもこの種の天降り伝説が伝わって居たものと考えられる。ともかく倭人を父とし、島の女を母として宮古島民ができたものだという考え方は面白いと思う。この「あまりふあ」伝説を強いて曲解して、宮古人は犬の子だ等の考えは余程間違っている。尤も支那では倭人のことを狗奴等といって悪口するから、狗奴の子だというので支那人式に悪口するなら別である。」

(稲村賢敷『宮古島庶民史』)

「(嶺間(んにま)御嶽)上古、友利の後ろアマリ山の下に僅かな村があった。或夜大海嘯が襲って来て人家は皆洗い去られて荒れ果てたが、アマリ犬（おほ）ツカサという美しい女子は、難をのがれてアマリ山の嶺の上に草庵を結び独り住いし、一匹の犬を愛養して暮して居た。時に倭人（やまとびと）が平安名（びやうな）の宮渡（みあと）浜に漂着したが、もとより不案内の地であるから蛮人島かそれとも無人島かと気づかいつつ上陸して見れば、砂浜に、犬の足跡が見えた。これは人里のある證であるとよろこび足跡をたどって行ってアマリ山に行き、アマリ大司と夫婦になり、子孫繁昌した。アマリ邑は今は全くなくなったが、嶺間山は彼の夫婦の根所であるというので、そこに御嶽を立ててまつった。

此の由来は永い年月の推移に伴い筋を変じて民間に伝えられ、彼のアマリ大司と犬と交接して子孫が出来たとなし「宮古人は犬の子」という一種の侮蔑の言を生んだ。」

（慶世村恒任『宮古史伝』）

「犬井《いんがー》」伝説

沖縄宮古島では井戸が神聖視され、井戸の底はとおくはるかに竜宮に連なる、とされている。また井戸はそればかりではなく、天とも交わるとされている。

数ある井戸の中でも、宮古本島の漲水御嶽《はりみずうたき》の程近くにある「犬井《いんがー》」は、宮古人の祖先発生の聖所とされ、今も信仰の対象となっている。

昭和四十八年の春、この「犬井《いんがー》」の敷地内に、新しく農協の建物がたつことになり、この井戸の存続さえも一時は危ぶまれ、また存続したとしても建物がこの井戸の上を蔽えば、天と接続しなくなるというので、多くの人々の間で、大問題になっていた。

その後きいた話では、この井戸からパイプを出し、それを建物の外に導くことによって問題を解決したという。祖先発生の場所が「犬井」といわれるのは、犬に対する祖霊という思いがあればこそで、アマリファ伝説に共通するものが感じられる。

㈢ 支合の「戌」

推理省略。

㈣ 易と「戌」

九月の卦は䷖、「山地剝《さんちはく》」。十二支では、「戌月《いぬのつき》」である。

「山地剝」は上卦が☶、「山」、下卦が☷、「地」である。

山地剝は勢を増す陰の力に圧倒され、一陽が辛うじて残されているかたち、五陰一陽の卦である。

秋九月は現在の暦では十月も半ばをすぎ、晩秋である。「秋の陽は釣瓶

山地剝《さんちはく》

落し」のたとえのように日脚は短く、気温も下がり、陰の気の増大が一日の日暮れの早さにも、気温の低下にも如実に示され、ついに極陰の十月に至るのである。

㈤「戌」のまとめ

十二支の犬は、金気・火気、土気の三種に大別され、この違いに応じて犬の扱いも種々様々である。

- 金気の犬は（1）迎春呪術における呪物、
  （2）財宝の発見者となり、
- 火気と土気を兼ねた犬は「火生土」の理により
  （1）人祖として人間の生誕に深く関わり、
  （2）その死にも関わる。

「戌」字そのものは「「茂」の意の「戊」と、一陽の「一」との合字である。九月に草木が老熟して、一陽がその中に残っている意」（『大漢和辞典』）と説明され、易の「山地剥」の卦の象意さながらである。

亥《い》

動物……猪

意義……「亥は該なり。陽気下に蔵る。故に該というなり」（『史記』）

「亥は荄なり。十月微陽起り、盛陰に接す」（『説文』）

「荄は根なり。陽気下に根ざすなり。十月、卦において坤となす。微陽、地下よりおこり、盛陰に接す。陰極まりて陽生ずるなり」（『説文段注』）

㈠　五行の「亥」

水気の始めとしての「亥」

十二支……第十二位

方位………北北西三〇度の間

月…………十月

時…………午後九時より午後十一時まで

季節………孟冬　十月立冬より十一月大雪の前日まで

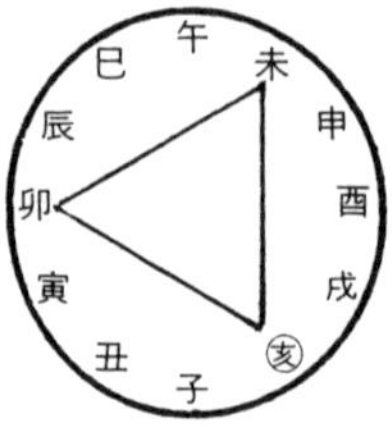

㈡　三合の「亥」

亥……生

卯……旺

未……墓

亥・卯・未の三支は合して「木」と化す

㈢　支合の「亥」

子丑……土
亥寅……木　亥・寅の二支は合して「木」と化す
戌卯……火
辰酉……金
巳申……水
午未……土

㈣　易と「亥」

亥月　消長卦
䷁坤《こん》為《い》地《ち》

(一)　五行の「亥」——水気の始めとしての「亥」

1　炉開き

「亥」は「亥子丑」、水気方局の生気、即ち、冬季の始めである。亥月亥日、あるいは十月十日に「炉開き」をし、炬燵もこの日に出すのは、かつて日本全国に共通する風習だったが、それは「亥」が水気の始めだからである。

2　亥猪《いのこもち》

亥月亥日に餅をつくことも日本各地に広くみられる風習であったが、元来は宮廷行事で、『公事根源』にもその様、並びにいわれが明記されている。

「この餅は内蔵寮より供へ奉る。朝餉《あさがれい》にてきこしめす。十月亥日、餅を食すれば、病なしといふ本説あり。この事いつ頃より始まるとも見えず。延喜式にも載せたれば、往古よりはやありけることならむかし……」

本説とはたしかな説ということで、

「十月亥日、作餅食之、其人無病也」（『群忌隆集』）

とみえ、亥子餅は大豆、小豆、胡麻、栗、糖、など「七種の粉」を以て作られたという。十月亥月は水気・冬の始め、「陰」の気が次第にさかんになるときで、人の身体にもそれは影響する。粉・甘味は五行では「土気」。七種の「七」は火の数。そこで「土剋水」の理で水気を剋し、「七」の数の火気で、水火のバランスとその調和をはかる。それによって十月亥日にこの餅を食すれば、無病、ということになるわけである。

なお、この冬・水気の始めとしての亥月は、後述するように、易卦の象と併せて考えるべきものと思う。

(二) 三合の「亥」

1 農業神としての「亥」

木気三合は「亥卯未」。即ち「亥」は木気三合においてもその生気であり、始まりである。

木気は植物全般を包摂するから、稲をはじめ五穀もすべてこの木気に含まれる。

従って木気三合の生気、始め、としての「亥」は田の神、作物の神、即ち農業神となり、

祝いましょうよ、亥の神さまを、
　これは百姓のつくり神。

と唄われるのである。

何故「亥」が田の神、作物の神となるのか、その理由は木気三合の法則の導入によってはじめて説明がつく。

本来、水気・冬の「亥」が、日本人にとって極めて重要な農業神となる理由は只一つ、木気三合の法則故である。

また日本民俗学において、未だに明確な解答の得られない田の神・山の神の交替も、この三合の法則によってその謎を解くことが可能であるが、それについては拙著『陰陽五行と日本の民俗』を参照して頂きたい。

2　イノコアレ

「十月初めの亥日の晩は、必ず雨風が吹くといい、これを香川県の広島、愛媛県の宇和島などでは、亥子荒れ、とよんでいる。」

(『綜合日本民俗語彙』)

五行では「風」は木気。「亥」は木気三合ではその生気。そこでこの法則によって亥月亥日には必ず風が吹き荒れるということになる。「亥卯未」の三支が揃わなくても、「亥」には風の「生」が想定され、「未」即ち「六月」には風の「死」が考えられていて、この六月中に風送りが各地で行われる。死気の風は風の生旺墓の墓、即ち三番目に当たるもので、「風の三郎様」と呼ばれ、子供達が、「風の三郎さま、よそ吹いてたもれ」と声を揃えて唄い、風の神に村を除けて通ってもらうことを祈る。六月（未月）は、その死気に乗じて風を追い払う時と考えられていたのである。

(三) 支合の「亥」

「亥」は「卯未」と合し、木気となるが、「寅」と支合して、再び「木気」と化《な》る。三合・支合の両度に亙り、木気となるものは、十二支中、「亥」だけで、「亥」が作物神、農業神として重んぜられるのは、このためと思われる。

(四) 易と「亥」

十月（亥月）　和名　神無月《かんなづき》

十月の卦は䷁、「坤為地《こんいち》」。

十月は前の月の九月の卦、䷖、「山地剥」が、辛うじて一陽を残している状況から、更に進んで、「陽」の気が尽き果てて、「純陰」の状態を示している。

坤為地《こんいち》

この極陰の象は、母・従順・卑賤・狭小・暗所などであるが、同時に、空虚・無・衰微を暗示する象でもある。

十月の和名は「神無月」。初出は『神武紀』東征の条にみえ、降って『万葉集』『古今和歌集』『新古今和歌集』にもみられ、その起原は古いのである。

神無月時雨にあへる黄葉《もみじば》の吹かば散りなむ風のまにまに
（『万葉集』大伴宿彌池主）

神無月時雨もいまだ降らなくにかねてうつろふ神なびのもり
（『古今集』読人不知）

神無月とは文字通り、神不在の月であって、昔の人は結婚さえ差し控えたのである。その不在となる神々の行先は出雲なので、日本の中で出雲に限って、この十月を神有月とも神在月ともよんでいる。

何故、十月が神無月で、何故、神々の行先が出雲なのか。

十月……時間

出雲……空間

にそれぞれ還元されるから、この限定された時間・空間のなかに謎が潜んでいると見るべきである。そうしてこの謎をとく鍵が、十月の易の卦ではなかろうか。

1　十月の意味

十月の卦は全陰で、陽の気の片鱗もない。

「陽」の気を「天」或いは「神」の象とすれば、陽の気をまったく欠く純陰の空虚・無の卦は、神不在を意味することになる。

十月は太陽の光も極度に衰微の方向に向っているときで、従って極陰の十月は要するに神も不在なのである。

2　出雲の意味

佐太神社はその昔、出雲大社に比肩する大社であったが、その『祭典記』には次のように記されている。

「古老伝えていわく、出雲州は日域の西北隅にして、陰の極まるところの地なり。伊邪那美命は陰霊にして、十月純坤の時を掌どる……。」

ここには出雲の地が日本国の西北（大和からみれば出雲は西北に当る）という極陰の地であり、女祖先神・伊邪那美は陰霊、つまり陰気象徴の神で、亥月（つまり十月）という極陰の時を掌どる神である、と明言されている。そこで『祭典記』の内容は、

- 出雲は西北（戌亥）の極陰の地、
- 十月は一年のなかの極陰の時、
- 女祖先神・伊邪那美は極陰の時間・空間を象徴する存在、

として要約される。

陰陽五行の特質の一つは、時間・空間の一致であるから、出雲と十月は極陰という点で一致し、陰霊・伊邪那美命はこの両者を統一し、象徴する存在である。

3　神無月の意味

極陰の象徴は、同時に無の象徴でもある。伊邪那美命の本質は極陰と無の象徴であるが、この神の祭りが、十月及び出雲というそれぞれの時間・空間の極陰と無を象徴する時処において年毎に行われているのである。そこには、「無」の確認、或いはその現象化には、時処一致を要する、という考えが窺われる。

しかし出雲の十月の祭りは、現地の出雲では次のようにいわれている。

「亡くなられた伊邪那美命の追慕のために八百万の御子神たちが十月、出雲に参集される。これが神在祭である。」

しかしこの祭りをよくみれば、伊邪那美命の追慕を名目にして参集する八百万の日本中の神々の神送りもまた同時にこの祭りのなかの重要神事であって、伊邪那美命はもちろん、八百万の神々も、極陰の出雲から送り出されているのである。要するに日本中の神々の神送りが、出雲の地において年毎に盛大に行われていることになる。

それは八百万の神々の神送りをして日本国中を一時、神不在にする。それが十月という月のなかに潜む極陰・無・衰微・神不在の観念を、祭りの形で形象化し、天下を無にする所以、と考えられてのことであろう。

天下を無にしてこそ、来るべき十一月、冬至を含む霜月の「一陽来復」が期待される。こうして神無月の「無」の意義は、「無」の形象化、つまり日本中の神々をよび集え、これを一挙に送り出してしまう「無」の祭りによって、はじめて生かされるわけである。

祭りには主役が必要であるが、この「無」の祭りの主役も陰霊の総帥、要するに「無」を象徴する伊邪那美命となる。

古代日本人が十月を神無月とよんだ背景には「無」に対する認識がある。この認識から二つの重要な彼らの意識が知り得られる。

①「有」の前提となるものは「無」。従ってその「無」の確認、「無」の具象化、が必至となる。

②「無」の確認、その具象化は、「祭り」を媒体とした「時処の一致」によって可能ということであるが、それらは中国哲学の精髄でもある。

要するに神無月の名称、及び出雲の神在祭は、日本神話、ならびに日本の国土に則して日本的に消化された中国哲学の一つの実践として私には捉えられるのである。

しかし、神無月についての従来の説は、大体、次の三種である。
①上無月とする説。十は数の単位として最上位にあるから、上無し月。
②雷を古来、「カミ」という。十月は雷のない月であるから、雷無月。
③十月は、神嘗月。それが転訛して神無月。
これらの説のなかに『易』の十月の卦の影響は全く考えられてはいない。

しかし『易』は、記紀筆録時代、すでに十分に消化されていて、当事者たちにとって、十月といえば、それが極陰の月であることは、余りにも明白な事象だった。

従って、神無月の由来を、『易』の極陰、無の象にあるとして捉えることは、むしろ自然と思われるのである。

陰陽五行の概要

はじめに

日本の祭りの本質は、その祭りの執り行われる時処によって異なり、祭りの意図するところは常に同一ではない。ある祭りは冬から春への順当な交替、規則正しい季節の推移を祈り促《うなが》すものであり、ある祭りは豊穣祈願を主目的とし、またあるものは海上、河川の危機を除き、出水の無事を願う等、祭りの型は、それら祈求の内容によって分化、複雑化している。

既にこの種の本を私は数冊上梓し、不完全なものながら、それらの第一章には、必ずその概要を捉えている。いずれも私が理解し得た陰陽五行の法則であって、説明は自然、同工異曲、似通ったもの、或いはマンネリズムにおちいってもいる。しかし今回もあえて第一章にこの概要を置くのは、偏に私の著作にはじめて接する読者の便宜のために過ぎないので、既にお馴染みの方々は、とばして読んで頂ければ幸いである。もちろん、説明中、新たに付加している点もあるが、その大要において変りない。

なお、「易」と「五行」は、分けて考えられるべきものであるが、両者は渾然一体となっているので本書ではこの両者を（陰陽五行）として扱い、「㈠ 易について」、「㈡ 易と五行」の各節において、その両者の関係を著者の目を以て考察した。

㈠ 易について

1 易の六義

易は「六義にて成る」というが、その六義とは、変・不変・簡・象・数・理の六つを指す。このうち、変・不変・簡は、規則であり、象・数・理は、いわば宇宙原理を認識するための方法である。

変とは「変易」であって、宇宙の変転の理を説くものである。即ち、宇宙森羅万象は一瞬の間も止まることなく運行し輪廻するが、この変転極まりない相《すがた》を宇宙の実相として捉えるのである。

不変とは「不易」ということで、宇宙の変転極まりない実相の中に、また永久不変の理をみるわけである。

この変と不変は一見矛盾するようではあるが、実は矛盾しない。例を四季の推移、夜と昼の交替にとれば、春・夏・秋・冬と移り変わることは文字通り変化であるが、年々歳々、同じように春は廻り来り、花は咲き散る、と観ずればこれは不変である。昼夜も同じこと、昼夜というのは変化であるが、朝毎に東の空に太陽が昇り、夕毎に西に沈む、という見方をすれば、これは不易ということになる。

要は見方の差であって、人間の場合も、自身としてみれば不変であるが、その内容は、幼・少・壮・老年と変化している。

簡とは「易簡」で、簡単明瞭の意である。先にも挙げたように太陽が東に出て西に入り、昼は明るく夜は暗い、のである。また、夏は暑く冬は寒く、火は熱く水は冷たい。このように天地の理法は、簡単明瞭で「易《い》」とはこの意である。「繫辞《けいじ》上伝」に、「乾（天）は易《い》を以て知《つかさ》どり、坤（地）は簡を以て能くす。易なれば知り易く、簡なれば従い易し。易簡にして天下の理、得《う》。」とあるのもこの間の事情を述べているとされる。

以上が易の変・不変・簡の三つの法則であるが、次の象・数・理とはどういうものか。

森羅万象という言葉の通り、この宇宙間は無数の自然現象でみたされている。それらの大自然の現象には、天地、上下、寒暑、男女など、相対的原理が内在している。これらの相対は、相対するが故に、互いに深く影響し合い、交感して、交合し、新たなものを生じるのである。

易はこの象を数に還元して思考し、それによって宇宙における統一的原理

繫辞上伝　『易』には本文の意義を解説するために孔子が作ったといわれる十篇の書物（十翼と総称）があって、「繫辞伝」はその一。易の総論、概論を述べるもので、上・下に分かれている。十翼は次の通り。

「彖伝」（たんでん）上下
「象伝」（しょうでん）上下
「繫辞伝」上下
「文言伝」（ぶんげんでん）
「説卦伝」（せっかでん）
「序卦伝」（じょかでん）
「雑卦伝」（ざっかでん）

を求めていくが、この象・数・理の方法の発見者が、原始の聖王、伏羲《ふっき》とされているわけである。

2　太極と陰陽二元

易はこの相対的な象を、陽と陰の二元として捉え、陽を⚊、陰を⚋の記号で表現する。そうしてこの陰陽二元以前に存する原初唯一絶対の存在、「混沌」を、易は「太極」とするのである。

　この太極から発生した陰陽二元は、相対的存在であって、そのもの自体に万物を発生する力はない。ただ、陰陽が合するとき、はじめて生成が可能となる。

　つまり万物発生の端緒は、陰陽二元の交合にあり、また宇宙間の万物は一瞬の間もその活動を停止せず、千変万化する。その変化は多岐にわたっても、その中に一定の秩序があって、それをはみ出すものではない。この原理は、陰陽二個の記号を用いて作図することにより、容易に説明することが出来る。

3　八卦図

陰陽二気は下から発して行くものとされる。従って作図もまた下から上方

第16図

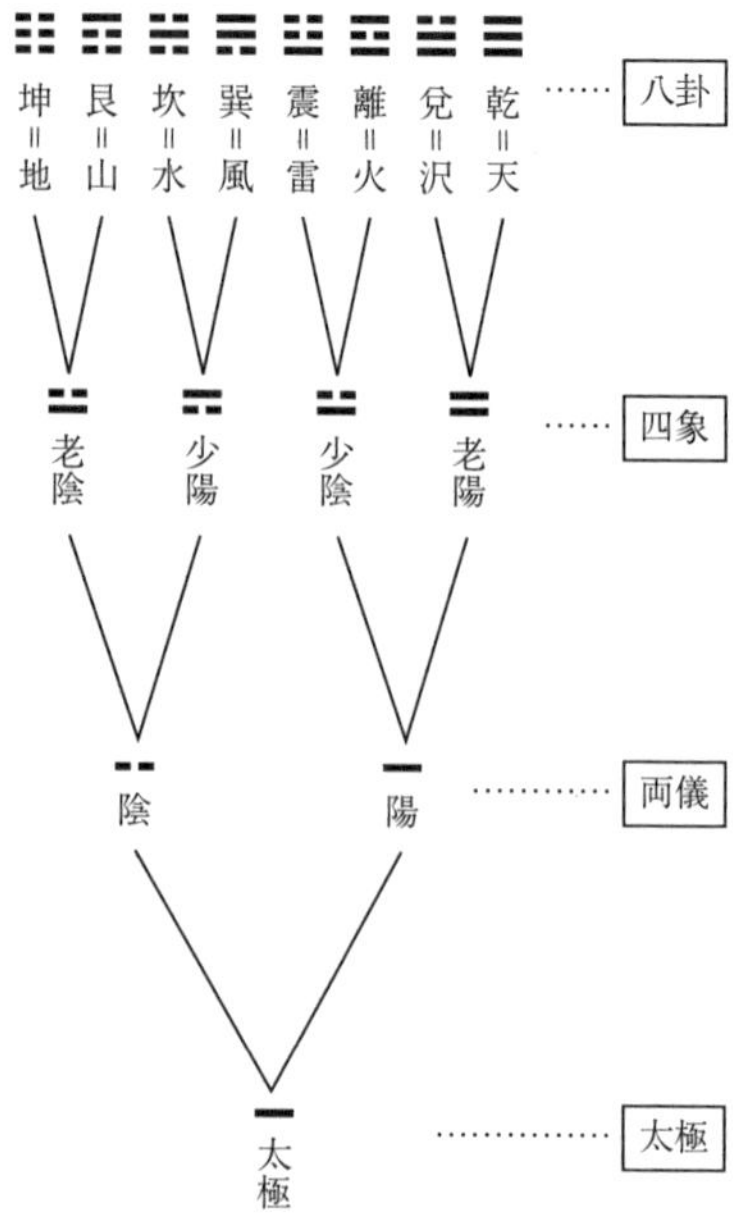

へと積み重ねて行くわけで、その際、太極は〇、あるいはそれを引き伸した形、つまり一本の線、━で表現される。

　太極から一陽一陰が派生し、陽の方向に二陽を、陰の方向に二陰が発生する。この二個の陽陰を発する方向にさらに一陽一陰を加えると四個の符号ができ、この四個の符号はそれぞれ二個の同様の符号を発生し、その上方に一陽一陰を加えると、ここに八個の符号ができる。

　つまり太極が岐れて一陽一陰の二となり、この二を二倍にして四、四を二倍して八、三画の卦が八個できるが、これを八卦、あるいは小成卦といい、この三画の卦によってはじめて象が生じる。

　その成立状況を『繋辞伝《けいじでん》』は次のように説く。「易に太極《たいきょく》あり。これ両儀《りょうぎ》を生ず。両儀は四象《ししょう》を生じ、四象は八卦《はっか》を生ず。」（『繋辞上伝』第十一章）第16図に掲げたのは、その発展状況の図示である。要するに、陰陽両儀分化以前の存在を易は太極として捉えるから、太極こそ両儀・四象・八卦の一切を生み出す根源的唯一絶対の存在なのである。

4　八卦象徴事物一覧表

(1)　八卦と自然、及びその性状

八卦が象徴する自然は、天・沢・火・雷・風・水・山・地の八つである。これらは自然界の中でもっとも著明なものであるが、『説卦伝』はその効用を簡潔に次のように述べる。

「雷は以てこれを動かし、風は以てこれを散らし、雨は以てこれを潤《うるお》し、日は以てこれを烜《かわ》かし、艮は以てこれを止め、兌は以てこれを説《よろこ》ばし、乾は以てこれに君たり、坤は以てこれを蔵《おさ》む。」さらにこれを敷衍して自然の諸相、そのバランス、転生輪廻とその生成等を讃えて、「……万物を動かすものは雷より疾《と》きはなく、万物を撓《たわ》むるものは風より疾きはなく、万物を燥《かわ》かすものは火より燥けるはなく、万物を説《よろこ》ばすものは沢より説ばすはなく、万物を潤《うるお》すものは水より潤すはなく、万物を終え、万物を始むるものは、艮より盛なるはなし。故に水火相およぴ、雷風相悖《もと》らず、山沢気を通じ、然る後、よく変化して、ことごとく万物を成すなり」というのである。

もちろんこれは概要であって、八卦の性状は複雑多岐に亙る。たとえば風

第2表八卦象徴事物一覧表

	自然	性状	人間	方位(先天)	方位(後天)	五気
乾《けん》 ☰	天	剛	父	南	西北	金気
兌《だ》 ☱	沢	説	少女	東南	西	金気
離《り》 ☲	火	麗	中女	東	南	火気
震《しん》 ☳	雷	動	長男	東北	東	木気
巽《そん》 ☴	風	入	長女	西南	東南	木気
坎《かん》 ☵	水	陥	中男	西	北	水気
艮《ごん》 ☶	山	止	少男	西北	東北	土気
坤《こん》 ☷	地	柔	母	北	西南	土気

はどのような隙間にも入って行くので「入」という象もあり、また天地間の何処にも「到達」することから「長さ」の象にもなり、その結果、「往来」とか、「髪」「布」「蛇」等を象《かたど》ることにもなる。あるいは「乾」は「天」で、「天行健」であるから、「堅」に通じ、「剛」であり、「坤」(地)の「柔」はこの天の象に対応するわけである。

(2) 易と家族構成

易の八卦は、八卦一覧表にみられるように家族構成を示すものでもある。『説卦伝』に、「乾は天なり。故に父と称す。坤は地なり。故に母と称す。」とあるように、乾坤・天地を人間関係におきかえて、これを父母とし、この間に三男三女がある。

男　長男（震）——木気 ☳ 雷 三十歳—四十歳
　　中男（坎）——水気 ☵ 水 十五歳—三十歳
　　少男（艮）——土気 ☶ 山 五歳—十五歳
女　長女（巽）——木気 ☴ 風 三十歳—四十歳
　　中女（離）——火気 ☲ 火 十五歳—三十歳
　　少女（兌）——金気 ☱ 沢 五歳—十五歳

易は下から始まるので、「長男」は、陽⚊が一番下の初爻となる。ついで「中男」は陽が二爻、「少男」は三爻となるわけである。「長女」も同様に、

⚋が最下の初爻となり、二爻に来るのが、「中女」、三爻に来るのを「少女」とする。

(3) 先天と後天

(イ) 先天易

図に見られるように（第17～20図）八卦を方位に配当するには二つの方法があり、先天と後天に分けられる。前者を伏羲先天八卦方位、後者を文王後天八卦方位とする。

先天方位は自然の相をそのままとって、明るい南を「天」（乾☰）、暗い北を「地」（坤☷）、とし、太陽の昇る東を「火」（離☲）、太陽の沈む西に（坎☵）、を宛《あ》てている。先天方位について、易の中に直接の記述はないが、『説卦伝』に、「天地位を定め、山沢気を通じ、雷風相薄《あせま》り、水火相射《いと》わずして八卦相錯《まじ》わる。」（第三章）とあり、明らかに天地軸を南北にとり、山（艮）と沢（兌）、雷（震）と風（巽）、水（坎）と火（離）、がそれぞれ相対して軸を成している様相がうかがわれる。そこで先天方位の根拠は『説卦伝』第三章に求められ、「先天方位は天地自然の法象であり、後天方位は変化活動の法象である。……先天方位と後天方位とは静動の関係にあり、別種の異った二方位ではない。邵康節が先天易と後天易とを体用の関係においてこれを捉

爻《こう》 「易」の卦を組み立てている記号。⚊を陽、⚋を陰とする。三爻から成る卦を小成の卦、六爻から成る卦を大成の卦という。占いに際しては、大成の卦により、その六爻全体、または各爻の位置、あるいは上卦下卦の関係等から推して吉凶禍福をみる。

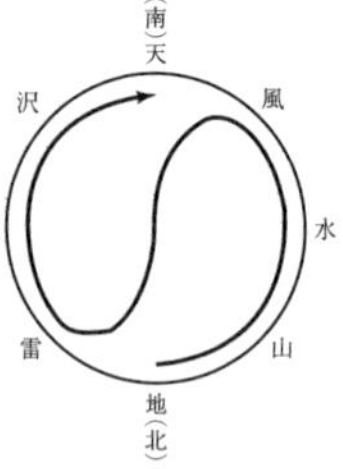

第17図　先天図（その1）
（上が南を示す。以下同じ）

第18図　先天図（その2）

えているのもまたこの意味である」（鈴木由次郎『漢易研究』）とされる。

(ロ) 後天易

後天易は周の文王によって始められ、子の周公旦によって完成されたという。先天易が自然のままに人間が生活していた状態においてつくられたのに対し、後天易は、人間が自然に忤《さから》ってくらす、つまり火食したり、衣服を着けるようになってから、そのような人間の生活を勘案してできたという。

後天易においては次のようになる。

☰ 乾（天）……西北
☷ 坤（地）……西南
☲ 離（火）……南（先天易における天の位）
☵ 坎（水）……北（先天易における地の位）

水火を南北、つまり先天易の天地の位にそれぞれ配する理由は、
●火気は冬、乾燥して天に上り、夏、地に降る。
●水気は蒸発して天に至り、雨となって地に降る。

こうして水気は上って降り、火気もまた降って上る。それによって天地間を水火が循環する。このような水火の天地間の往来・循環こそ、人間をふくむ万物の生命の保証をなすものという意識がここにうかがわれる。後天易が人間の生活に即して考えられたといわれる所以である。

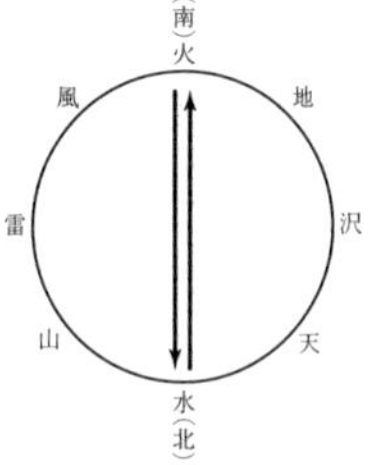

第19図　後天図（その1）

第20図　後天図（その2）

このようなわけで八卦の中で重要な四卦は、☰乾（天）、☷坤（地）、☲離（火）、☵坎（水）である。離は、火・日・（日照）、坎は、水・月・（降雨）であって、この火水・日月は、乾（天）・坤（地）と対応し、先天易の天地軸に重ね合わされて天地の現象を表わす。韓国の太極旗が、中央の太極と四周に配されたこの四卦から成るのは、これらの卦によって宇宙とその作用が表現されるからである。

八卦は三爻から成り、この三は前述のように天人地の三才を象徴し、この組合せによって天地自然・人間関係をも表現するものであるが、森羅万象をより精密に表わそうとすれば、これでは到底足りない。そこでこの八卦を組み合せて、乾、坤以下八八六十四卦を作る。これが大成の卦であって、八卦はこれに対して小成の卦ともよばれる、ということも先に述べた通りである。

この六十四卦中、天地乾坤は万物の祖であるから、乾䷀、坤䷁の二卦は『周易上経《しゅうえきじょうけい》』の首《はじめ》におかれている。それに対し『上経』の終りは、坎䷜、離䷝の二卦、つまり水火日月で結ばれ、天地日月、即ち乾坤坎離で、『上経』一巻の首尾をなす形である。この状況は、天地軸、水火軸が先天易と後天易で重なり合っていることにも対応し、この四卦の重要性が納得されるのである。

(二)　易と五行

1　易と数

「繋辞上伝」には一から十までの数についての記述がある。

「天一地二、天三地四、天五地六、天七地八、天九地十。天の数五、地の数五。五は位相得て各々合うことあり。天の数二十有五、地の数三十。およそ天地の数五十有五。これ変化を成し、鬼神を行なう所以なり。」

一から十までの数のうち、奇数は天（陽）、偶数は地（陰）である。つまり、

天数　一、三、五、七、九
地数　二、四、六、八、十

と分け、天地の数は各々五つずつある。天地の五つずつの数は、その位をもち、互いに結び合う相手、「合」をもつ、というのである。これはどういう意味だろうか。恐らく次のように解釈されると思う。「合」とは互いに結びつく相手である。数は10までだから、合うには10を半分ずつに分ける必要がある。10を分けると、

周易上経　三易（連山・帰蔵・周易）の一。伝説によれば、中国古代の聖王、伏義が八卦を画し、後にこれを重ねて六十四卦にしたという。周の文王（紀元前十二世紀）が各卦を説明する辞（ことば）即ち卦辞《かじ》をつくり、その子の周公が卦の構成分子である各爻を説明する辞、即ち爻辞《こうじ》をつくったとされ、以上を易の本文とする。六十四卦は上経三十卦、下経三十四卦に分けて配列され、これが周易の経文となる。

1（6
2（7
3（8
4（9
5（10

となり、1と6、2と7、3と8、4と9、5と10が結びつくことになる。

二つの数が「合う」には、それらが互いに陰陽であることを第一条件とする。いま、それらの五個の結びつきをみるといずれも陰陽で、位を得て「合」になっている。たとえば、1と6の組合せでは、1が陽（天）、6が陰（地）、2と7では、2が陰、7が陽、というように互いに位を得て、結びついているわけである。

この五種の結びつきこそ、実は五行である。『易』には五行について具体的な言及はない。言及はないがこのように事実において五行は説かれているわけである。五行の語がはじめて見られるのは、『尚書』「洪範」である。それによれば、

「五行は一に曰《いわ》く水、二に曰く火、三に曰く木、四に曰く金、五に曰く土。水に潤下といい、火に炎上といい、木に曲直といい、金に従革といい、土は爰《ここ》に稼穡《かしょく》す」

といって五原素の生成順を、もっとも微かな存在の水から土に及ぶものとし、併せて五原素の性状をも述べている。

この「洪範」に説かれている五行を、先述の1から10までの数に当てはめ

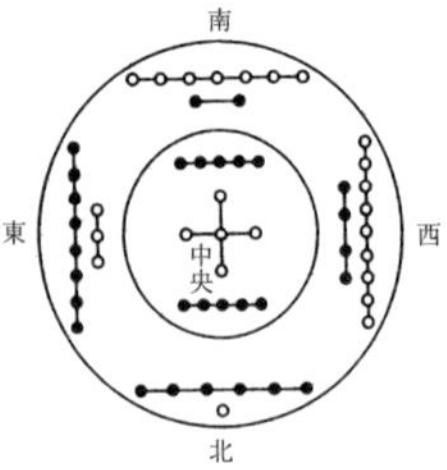

第21図　河　図
（波里光徳編『気学集成』上・下二巻、碧樓社、一九七四年より）

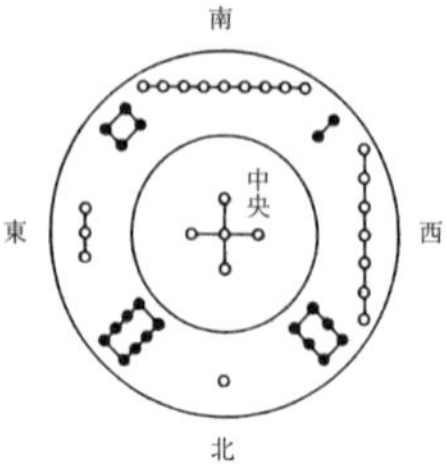

第22図　洛　書
（波里編　前掲書より）

てみる。「一に曰く水、二に曰く火、三に曰く木、四に曰く金、五に曰く土」といっているので、

水	火	木	金	土
……	……	……	……	……
1	2	3	4	5

ということが判る。

次にこの12345の各数には、678910の数が結びついていたから、これらの数も同じ配当のはずである。つまり、

水	火	木	金	土
……	……	……	……	……
1．6	2．7	3．8	4．9	5．10

となるわけである。1・6が水、2・7が火、3・8が木、4・9が金、5・10が土、である。そうしてこの数の組合せが、「河図」における数の組合せなのである。

2　河　図

「河図《かと》」は伏羲が「河図を得て八卦を画した」、とも伝えられているその

東南	南		西南
	四	九	二
東	三	五	七	西
	八	一	六
東北	北		西北

第23図　九星図

東南	南		西南
	巽	離	坤
東	震	中	兌	西
	艮	坎	乾
東北	北		西北

第24図　八卦配当図

河図である。もう少し詳しくいえば、伏羲が王になると、黄河から竜馬が現れ、その背に1から10までの数が紋になって記されていたと伝えられているものである。

河図はその名の通り「図」であって文字ではない。奇数（陽・天）は白点、偶数（陰・地）は黒点で表わされている。そこでこの白黒の点を数字におきかえてよむとその意味が判然として来る。

3　洛　書

河図に並べられるものが洛書である。この「洛書」は禹《う》王の時、洛水から現れた神亀の背に1から9までの数が神紋をなしていたという伝説をもつが、要は5を中心として、縦・横・斜のどの方から数えてもその総和は必ず15になる所謂「魔方陣」である。河図の場合と同様、奇数（天・陽）は白点、偶数（地・陰）は黒点で表現されているので、これを数におきかえると第22図の如くになる。

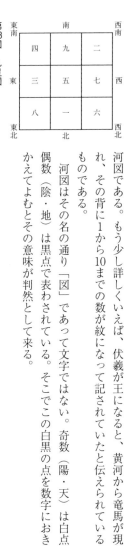

4　九　星

洛書は1から9までの数のうち、奇数が、東西南北の四正に、偶数が、四隅に配当されているが、これが「九星図」であり、九星図にはまた「八卦」が配当されている。この八卦配当図が、即ち後天易図となるわけである。

九星にはそれぞれ色彩名が割当てられている。それが、一白・二黒・三碧・四緑・五黄・六白・七赤・八白・九紫、である。

㈢ 五行

1 相生《そうじょう》と相剋《そうこく》

木火土金水の五原素の輪廻・作用が「五行」であるが、五行には、1 生成順、2 相生順、3 相剋（勝）順の三つがある。このうち、生成順は既述の通りである。

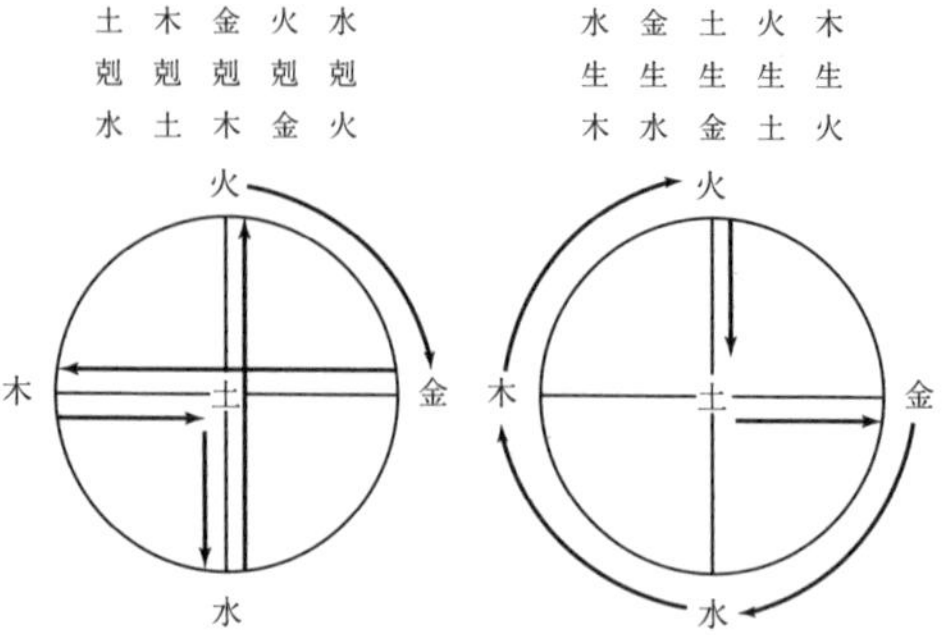

第25図 五行相生（右）と五行相勝（剋）（左）

相生

「相生」は、木は火を生じ、火は土を、土は金を、金は水を、水は木を生じるという順序。つまり相生とは、木火土金水の五気が順送りに相手を生み出していくプラスの関係であって、次のような言葉で表現される。

木生火《もくしょうか》
火生土《かしょうど》
土生金《どしょうきん》
金生水《きんしょうすい》
水生木《すいしょうもく》

相剋

相生が順送りに相手を生じていくのに対し、「相剋」は反対に、木火土金水の五気が順送りに相手を剋していく、いわばマイナスの関係。

木剋土《もくこくど》
土剋水《どこくすい》
水剋火《すいこくか》
火剋金《かこくきん》
金剋木《きんこくもく》

森羅万象の象徴である木火土金水の間に、相生・相剋の二つの面があって、万象ははじめて隠当な循環が得られ、この循環、即ち五行によってこの世の

第3表　五行配当表（まず木火土金水と縦に順を追って読み、次に横に読むことが必要である。横に読んでいくことによって気を同じくするものは互いに象徴関係にあることが納得される。）

五行	五色	五方	五時	五事	五音	五星	五天帝	五人帝	五官神	五臓	五常	五虫	五味	五声	十干	十二支	易卦	月
木	青	東	春	貌	呼	歳星（木星）	青帝	大皞	句芒	肝	仁	鱗	酸	角	甲乙	寅・卯・(辰)	震 ☳	旧一・二・三月
火	赤	南	夏	視	笑	熒惑（火星）	赤帝	炎帝	祝融	心	礼	羽	苦	徴	丙丁	巳・午・(未)	離 ☲	四・五・六月
土	黄	中央	土用	思	歌	塡星（土星）	黄帝	黄帝	后土	脾	信	倮	甘	宮	戊己	辰・未・戌・丑		
金	白	西	秋	言	哭	太白（金星）	白帝	少皞	蓐収	肺	義	毛	辛	商	庚辛	申・酉・(戌)	兌 ☱	七・八・九月
水	黒	北	冬	聴	呻	辰星（水星）	黒帝	顓頊	玄冥	腎	智	介	鹹	羽	壬癸	亥・子・(丑)	坎 ☵	十・十一・十二月

万象の永遠性が保証されるというわけである。

2　五行配当表（五気の配当）

木火土金水は互いに相生・相剋して輪廻するが、同時にこの木火土金水は五原素としてあるばかりでなく、宇宙間の万象、つまり色彩・方位・季節・惑星・天神・人間精神・徳目・内臓・十干・十二支等を象徴するものでもある。換言すれば、万象がこの五気に還元され、あるいは配当されているわけである（第3表参照）。

3　三合の理

陰陽五行にはいくつかの法則があるが、取分け重要なものは先述の相生・

第26図　子の三合（水気の三合）申…生、子…旺、辰…墓、申・子・辰の三支はすべて水気となる。

第27図　卯の三合（木気の三合）亥…生、卯…旺、未…墓、亥・卯・未の三支はすべて木気となる。

相剋の理がある。この相生・相剋に劣らず重要で、日本の祭り・民俗によく応用されているものに「三合の理」がある。三合の理、あるいは三合の法則とはどういうものだろうか。

　森羅万象は、いずれもまず始めがあって、壮《さか》んになり、そうして終わる。生《せい》・旺《おう》・墓《ぼ》ということである。何事も始まらなければ壮《さか》んにならず、壮んになることなくして終りはなく、終りなくしては始まらない。こうして限りなく輪廻する。生・旺・墓の盛衰の原理のなかには、輪廻が潜められていて、生旺墓の三つが具備しなければ万象は生々流転、輪廻転生を行い得ないと説くのである。

　この生・旺・墓の原理を、後述するように春夏秋冬の季節の推移のなかにみられるが、この理はさらに一つの季節を超《こ》え、三つの季節に亙《わた》っても考えられている。それが「三合の理」である。つまり「三合の理」は万象の中に普遍的に考えられている理であるが、ここでは理解の手段として季節を例にとってみるわけである。

　そこで、たとえば「水気」であるが、これは季節でいえば「冬」。亥・子・丑の三カ月であって、この場合には、亥の十月を「生」、子の十一月を「旺」、丑の十二月を「墓」とする。しかし、「三合の理」を当てはめて考えるとき、「冬」あるいは「水気」は、亥・子・丑に限らない。「冬」、或いは「水」の萌《きざ》しは、既に申月（旧七月）に見え、仲冬の子月（旧十一月）に壮《さか》んになり、辰月（旧三月）に漸く終わるのである。この申・子・辰の三支は水気の生・旺・墓であって、三支は合して水気一色となる。

冬の気配は申月に既に忍びより、冬至を含む子月に至ってもっとも壮んに、辰月に至って終息する。申月（旧七月）、辰月（旧三月）に季節外れの寒気に見舞われるのはこのためである。冬、あるいは水気の三合は、申・子・辰であって、それは秋（七月）・冬（十一月）・春（三月）の三季に亙るわけである。

『淮南子《えなんじ》』はこの三合を定義して、次のようにいう。

「水は申に生じ、子に旺んに、辰に死す。三辰（三支のこと）は皆水なり。
火は寅に生じ、午に旺んに、戌に死す。三辰は皆火なり。
木は亥に生じ、卯に旺んに、未に死す。三辰は皆木なり。
金は巳に生じ、酉に旺んに、丑に死す。三辰は皆金なり。
土は午に生じ、戌に旺んに、寅に死す。三辰は皆土なり。」

「土気の三合」は、「火気の三合」に重なり合うが、その順が違っていて、午が生、戌が旺、寅が墓である。

火気の三合においては、「午」がもっとも壮んであるが、土気の三合はそれに対し、「戌」が旺気に当たる。土気の勢いは「戌」の旧九月に極まるのである。

第28図　午の三合（火気の三合） 寅…生、午…旺、戌…墓、寅・午・戌の三支はすべて火気となる。

第29図　酉の三合（金気の三合） 巳…生、酉…旺、丑…墓、巳・酉・丑の三支はすべて金気となる。

4 支合

五行の法則のなかには「三合」に並んで「支合《しごう》」ということがある。つまり十二支の各支には互いに結びつく相手があり、その結合の結果、新たな木火土金水の五気が生じる。その結合は第30図の通り。

この支合は日本の祭りのなかにひろく応用されている。

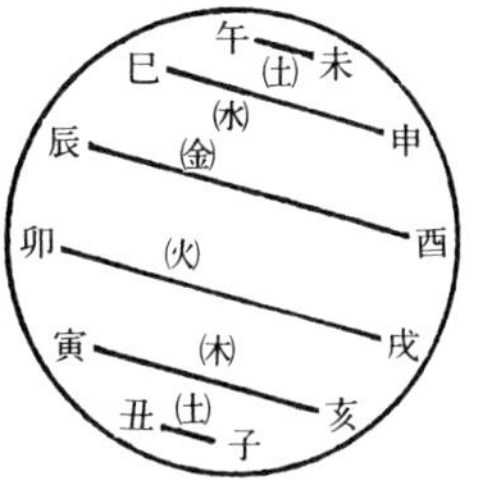

第30図　支合図

子・丑……土気
亥・寅……木気
卯・戌……火気
辰・酉……金気
巳・申……水気
午・未……土気

(四) 十干

1 十干について

原初唯一絶対の存在は、「混沌」。これを『易』では「太極」とするが、この太極から派生するのが根源の「陰陽」二気である。この二気から、木火土金水の五気が生じるが、この五気はさらに「兄弟《えと》」の陰陽に岐《わか》れる。たとえば木気は木の兄（甲）、木の弟（乙）に、火気は火の兄（丙）、火の弟（丁）に分化するが、これが、「十干《じっかん》」である。

木　兄《きのえ》（甲）……大樹
　　弟《と》（乙）……灌木

火　兄《ひのえ》（丙）……太陽の光熱
　　弟（丁）……提燈・ロウソクの火

土　兄《つちのえ》（戊）……山・丘陵の土
　　弟（己）……田畑の土

金　兄《かのえ》（庚）……剛金
　　弟（辛）……柔金

水　兄《みずのえ》（壬）……海洋・大河・洪水の水
　　弟（癸）……水滴・雨露・小流の水

甲《こう》・乙《おつ》・丙《へい》・丁《てい》・戊《ぼ》・己《き》・庚《こう》・辛《しん》・壬《じん》・癸《き》の十干は、つまり木《き》の兄《え》、木《き》の弟《と》、火の兄、火の弟、土の兄、土の弟、金の兄、金の弟、水の兄、水の弟、ということになる。

陽の兄の本質は、剛強、動、陰の弟の本質は、柔和、静であって、陽干と陰干とでは、同気ではあっても多少その性情を異にする。もし例を人の気質にとるならば、甲《きのえ》の人と乙《きのと》の星の人の場合、木気の特徴として、何処までも伸びようとする進取の気象の持主であることは共通でも、その進み方は前者が果敢であるのに対し、後者の動きは、はるかに地味なのである。

2 十干象意

十干の、「甲乙丙丁戊己庚辛壬癸」の各字は、その中に万物の栄枯盛衰の象を内蔵している。


「甲《こう》」はヨロイで、草木の種子がまだ厚皮を被《かぶ》っている状態。

「乙《おつ》」は軋《きし》るで、草木の幼芽のまだ伸長し得ず、屈曲の状態。

「丙《へい》」は炳《あき》らかで、草木が伸長して、その形体が著明になった状態。

「丁《てい》」は壮と同義で、草木の形態の充実した状態。

「戊《ぼ》」は茂るで、草木の繁茂して盛大になった状態。

「己《き》」は紀で、草木が繁茂して盛大となり、かつその条理の整った状態。

「庚《こう》」は更《あらた》まるで、草木の成熟団結して行きづまった結果、自《おのず》から新しいものに改まってゆこうとする状態。

「辛《しん》」は新《しん》で、草木の枯死してまた新しくなろうとすること。

「壬《じん》」は草木の種子の内部に更に新しいものが妊《はら》まれることを指す。

「癸《き》」は揆《はか》るで、種子の内部に妊まれた生命体の長さが、度《はか》られる程になったという象。ついで帽子をかぶってムクムクと動き出す「甲」となるわけである。

(五) 十二支

1 木星と十二支

十干に組み合わされるものが「十二支」であるが、十二支は五惑星の中で、最も尊貴とされた木星の運行に拠《よ》っている。木星の運行は十二年で天を一周するが、厳密には十一・八六年である。つまり木星は一年に十二区画の中の一区画ずつを移行し、その所在は十二次によって示される。

木星は太陽や月とは逆に西から東に向かって移動するので、木星の反映ともいうべき仮の星を設けて、これを時計と同じように東から西へ移動させることにした。この想像の星は神霊化されて「太歳《たいさい》」の名称で呼ばれるが、この太歳の居処につけた名が、子《ね》・丑《うし》・寅《とら》・卯《う》・辰《たつ》・巳《み》・午《うま》・未《ひつじ》・申《さる》・酉《とり》・戌《いぬ》・亥《い》の十二支である。つまり十二支は木星と反対方向に、同じ速度で巡る太歳の居処につけた名称であって、これが年の十二辰、または十二支である。

木星と太歳がその袖を分つ処は、「寅」のはじめの処である。太歳が寅の処にいる年は寅年、卯にいるときは卯年であるが、その時、つまり太歳が寅にいて寅年のとき、木星は丑にいるわけである。

2　月の十二支

十二支は年だけではなく、月にも日にも時刻にも方位にも配当される。月の十二支は北斗七星の黄昏時（午後八時頃）に、初めて見える時に指している方位によって指示される。つまり北斗の剣先が、黄昏時に、寅の始めを指す日を正月の節とし、寅の中央を指す日を正月の中とし、卯の中央を指す日を二月の中とする。正月が常に寅月であるのはこの為である。次に掲げるのは各月に配当された十二支による一年の構造の表示である。

3　十二支による一年の構造表

春（木）	1月……寅月	生	
	2月……卯月	旺	
	3月……辰月	墓	
秋（金）	7月……申月	生	
	8月……酉月	旺	
	9月……戌月	墓	
夏（火）	4月……巳月	生	
	5月……午月	旺	
	6月……未月	墓	
冬（水）	10月……亥月	生	
	11月……子月	旺	
	12月……丑月	墓	

（辰・未・戌・丑は土気になる。後述。月は旧暦。）

4　十二支による一年の構造図

3項の表、及び上図によって明白なように、四季の首《はじめ》の春は、「木気」に配当されている。それは旧暦の一・二・三月、十二支でいえば寅・卯・辰の三カ月である。正月の寅月は春の生気《せいき》、つまり始めであり、卯月は春分を含む春季の真盛り、旺気《おうき》である。辰月は晩春、墓気となる。

夏は当然、「火気」。火気の夏は巳・午・未の三カ月、巳月は夏の生気、夏至を含む旧五月の午月は夏の盛りで、旺気、未月は夏の墓気である。

秋は「金気」で、申・酉・戌の三カ月である。申月は秋の生気、秋分を含む酉月は旺気、戌月は晩秋で、墓気となる。

冬は「水気」。十二支では、亥・子・丑月の三カ月。亥月は冬の生気、冬至を含む子月は旺気、丑月は墓気となる。

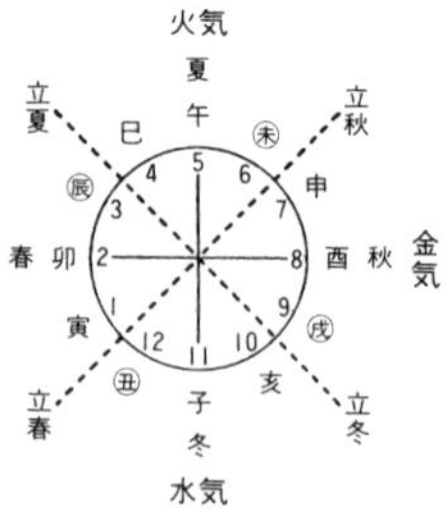

第31図　一年の構造図

5　土用

五気のうち、木火金水の四気が四季に配当され、十二支が十二カ月に割当てられている。

木火土金水の中で、土気は春夏秋冬の四季節の終りの「十八日間」を占め

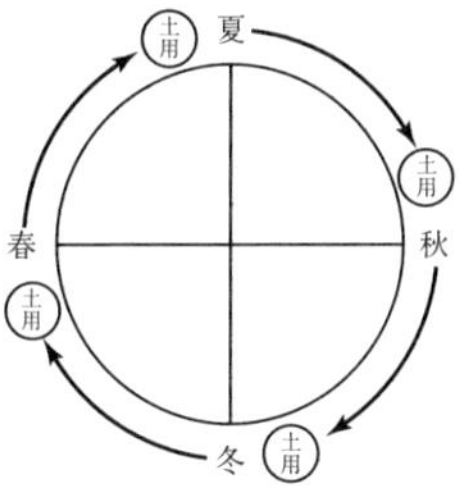

第32図　一年の循環図

ている。その土気の配当されている期間が「土用」であって、十二支でいえば、辰・未・戌・丑の各月の中にある。四季の終りの十八日間を総計すれば七十二日、つまり春夏秋冬の各九十日から十八日ずつが、土気に割譲されている形である。

この土気の作用、即ち「土用」について、現代の人は全く無関心である。しかしこの土用こそ、中国思想の真髄を一年の経過の中に、具体的に示しているものとして私には捉えられる。

一年の推移は春夏秋冬の四季の循環によるが、その循環には一の原理がある。陰陽思想は万象を陰陽二元の対立において把握するが、万象の把握はもちろんそれだけでは不完全である。万象は対立すると同時に、循環するものでもある。例を一年にとっていえば、冬と夏、春と秋はそれぞれ相対立するものではあるが、この四者の間には次のような循環がある。陰の冬はやがて陽気発動の春となり、盛陽の夏を経て、陰の萌す秋と変じ、万物の枯死する極陰の冬となる。その上、冬は唐突に春になるのではなく、春もまた直ちに夏に移るのではない。各季節の間には、そのいずれにも属さない中間の季《とき》がある。それが各季節の季《すえ》におかれた、十八日間の土用である。土用の責務はこの循環の促進であるが、何故そういうことになるのだろうか。

土気の作用の特色はその両義性にある。つまり土気は一方において万物を土に還す死滅作用と、同時に他方においては、万物を育《はぐく》みそだてる育成作用の二種の働きをもつ。そこで一年の推移においても、各季の中間におかれた土気は、過ぎ去るべき季節を殺すと同時に、その一方では来るべき季節を育成する。いわば土用の効用はこの強力な転換作用にある。死すべき季節を殺し、生まれるべき季節を育む。それによって一年は順当に推移する。こうして一年十二カ月に配当される十二支のうち、丑・辰・未・戌は土用を含み、それぞれに重要な意味をもつわけである。

6　十二支と時刻

十二支は日にも時刻にも配当され、周知のように、夜半午後十一時から翌午前一時までの二時間が「子刻《ねのこく》」、午前一時から三時までが「丑刻《うしのこく》」で、草木も眠る「丑三つ刻」とは、丑刻の中心時間、午前二時である。昼の午前十一時から午後一時までの二時間が「午刻《うまのこく》」であって、午前、正午、午後の日常語の中に、十二支は今日でも生きている。

7　十二支と方位

方位は正北を「子」、正南を「午」、正東を「卯」、正西を「酉」とする。この東西南北を「四正《しせい》」といい、その間、つまり、東南・西南・東北・西北

第33図　時刻の十二支

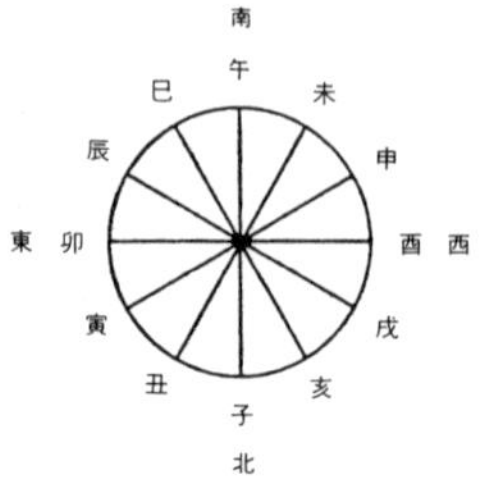

第34図　方位の十二支

を「四隅《しぐう》」という。東北の隅には「丑・寅」、東南に「辰・巳」、西南に「未・申」、西北に「戌・亥」が配されている。

8　十二支象意

十二支には、鼠・牛・虎・兎・竜・蛇等の十二獣が配されるが、その初見は後漢の王充の『論衡』であって本来、十二支の十二字の示す象意は、十干と大体同じく、植物の発生・繁茂・伏蔵の輪廻である。

「子《し》」は孳《ふる》えて、新しい生命が種子の内部から萌し始める状態。

「丑《ちゅう》」は紐で、からむこと。芽が種子の内部でまだ伸びえぬ状態。

「寅《いん》」は螾《うご》くで、草木の発生する状態。

「卯《ぼう》」は茂るで、草木が地面を蔽う状態。

「辰《しん》」は振るうで、陽気動き、雷がきらめき、振動し、草木が伸長する状態。

「巳《し》」は巳《や》むで、万物が繁盛の極になった状態。

「午《ご》」は忤《さか》らうで、万物にはじめて衰微の傾向がおこりはじめたさま。

「未《び》」は味わうで、万物が成熟して滋味を生じたさま。

「申《しん》」は呻《うめ》くで、万物が成熟して締めつけられ、固まってゆく状態。

「酉《ゆう》」は綇《ちぢ》むで、万物が成熟に達し、むしろちぢむ状態。

「戌《じゅつ》」は滅《ほろ》ぶ、または切ることで、万物が滅びゆく状態。

「亥《がい》」は閉《と》ぢるで、万物の生命力が凋落し、すでに種子の内部に生命が内蔵された様。

9　十干と十二支の結合

十干の「干」は「幹」、十二支の「支」は「枝」で、「幹枝」を意味する。中国では古く殷の時代から、この十と十二が組み合せられ、その最小公倍数、六十の周期で日が数えられたという。

十干十二支の組合せは甲子《きのえね》にはじまって、癸亥《みずのとい》に終わるが、この組合せを「六十花甲子」と呼び、生まれてから六十年を経て、生年の干支を迎えるのを還暦《かんれき》とする。六十の干支の組合せを一巡することは、一つの人生を生き切ったことを意味し、新たに次の人生に誕生するというわけで、赤児と同様に赤い頭巾、現代では赤いジャケツなどが祝品として贈られるのである。還暦を祝う風習は、日本の社会に根づよく生きているが、このような点からみれば陰陽五行を捨て去った日本人も、しらない間に、なおその法則の中に息づいているわけである。

㈥ 消息の卦

春	寅（一月）	䷊	泰《たい》（地天泰《ちてんたい》）	
	卯（二月）	䷡	大壮《たいそう》（雷天大壮《らいてんたいそう》）	
	辰（三月）	䷪	夬《かい》（沢天夬《たくてんかい》）	
夏	巳（四月）	䷀	乾《けん》（乾為天《けんいてん》）	
	午（五月）	䷫	姤《こう》（天風姤《てんぷうこう》）	夏至
	未（六月）	䷠	遯《とん》（天山遯《てんざんとん》）	
秋	申（七月）	䷋	否《ひ》（天地否《てんちひ》）	
	酉（八月）	䷓	観《かん》（風地観《ふうちかん》）	
	戌（九月）	䷖	剝《はく》（山地剝《さんちはく》）	
冬	亥（十月）	䷁	坤《こん》（坤為地《こんいち》）	
	子（十一月）	䷗	復《ふく》（地雷復《ちらいふく》）	冬至
	丑（十二月）	䷒	臨《りん》（地沢臨《ちたくりん》）	

人間のくらしにとってもっとも基本的な時間は先にもふれたように「一年」の時の推移である。

先に十二支による一年の構造を図示したが、易による一年の構造を次に考

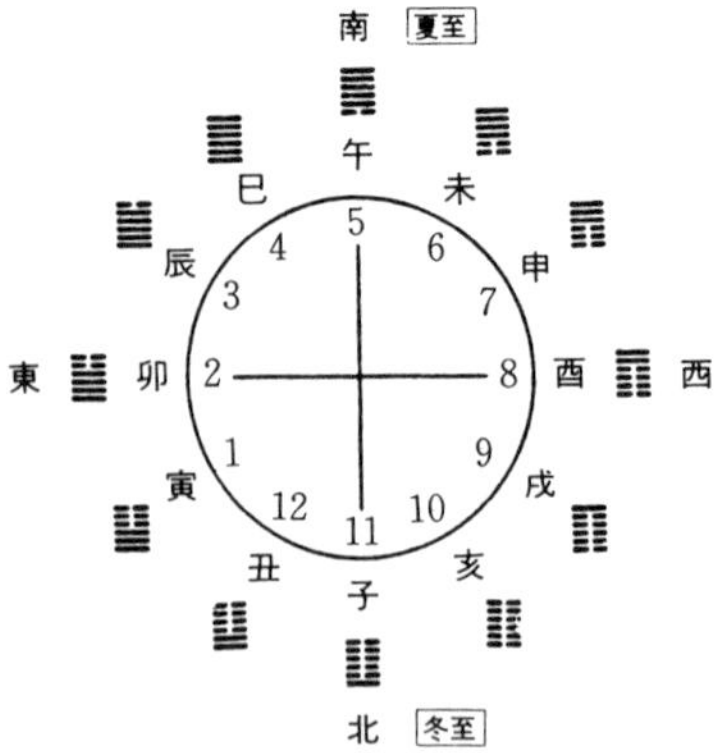

第35図　消息の卦（月は旧暦）

えたい。一年の構造を示す易の卦は十二消息の卦である。消は陽が消えてゆくこと、息は陽が伸びてゆくことである。この陰陽の消息は、冬至をふくむ「子」、夏至をふくむ「午」を軸とする軌《みち》である。即ち子から午は日ざしののびる陽の軌、午から子は日脚の短くなる陰の軌である。この陰陽の消長によって四季の順当な循環も期待することが出来、この消長の卦は、日本人の信仰、あるいは俗信の中に広く深くとり入れられているわけである。

おわりに

本文でみて来たように、かつての日本人にとっての一年とは、すべて、「十二支のネットワーク」の上に展開し、この十二支盤によって規制されていた時間であり、また空間でもあった。一年のみならず、それは幽界と現世、人を始めあらゆる生物体の一生、そうかと思えばより規模の小さな一日の朝昼夕晩をのせる枠組みでもあった。

十二支の各支は宇宙原理としての易・五行の法則を負う故に、万物万象はこの盤上に初めて動き出す。

従ってこの法則を負う十二支の解明によって、神道祭祀はもちろん、道教・仏教の一部祭祀、及び公私の年中行事、俗信による諸習俗等、はじめてその謎の多くの部分は解くことが出来るのである。

しかし今日そのネットワークは全く忘れ去られてしまっている。

それは何故か。この盤にとって致命傷の第一は、旧暦（太陰太陽暦）から新暦（太陽暦）への移行であり、第二は明治期における識者による陰陽五行の否定である。迷信ときめつけられては、学術研究の方法として陰陽五行が導入されるはずはない。

日本の祭り・行事は十二支によって理論づけられているにもかかわらず、その鍵が取り上げられてしまっているので、日本民俗学は、私どもの先人達とその目線が合わず、その結果、資料の蒐集か、原理の憶測に終っている。

このネットワークの復権を求めて二十数年を経た今、『十二支』上梓の運びに至ったことは心嬉しい限りである。

例の通り、厄介な原稿の整理に当られた人文書院取締役、谷誠二編集長、並びに秋山リカ氏にご厚礼申し上げる。

一九九四年四月十三日

吉野裕子

本書所収論考初出発表誌・書目一覧表

子

㈠　五行の「子」
其一　「子」と「太極」（『日本古代呪術』大和書房、一九七四年）
其二　「子」と国家的行事・祭祀（『隠された神々』講談社、一九七五年。人文書院、一九九二年再刊）
其三　大黒と「子」「太極」（『神々の誕生』岩波書店、一九九〇年）
＊なお㈣はいずれも十二支の各支と「易」の関係で、その初稿は『遊』（工作舎、一九八一年）所収、後、『陰陽五行と日本の民俗』（人文書院、一九八三年）に収録されている。本書の㈣はその再録なので、ここにその旨を記し、以後記述を省略する。

丑

㈠　五行の「丑」
其一　土牛童子（『陰陽五行と童児祭祀』人文書院、一九八六年）
其二　祇園祭と牛頭天王（『陰陽五行と童児祭祀』人文書院、一九八六年）

卯

㈠　五行の「卯」
其四其四　兎の木気と狐の土気を立証する中国古文献（『狐』法政大学出版局、一九八〇年）

辰

㈠　五行の「辰」
持統天皇伊勢巡行と高市麻呂の忠諫（『隠された神々』講談社、一九七五年。人文書院、一九九二年再刊。『陰陽五行と日本の民俗』人文書院、一九八三年）
㈢　支合の「辰」（『陰陽五行と日本の民俗』人文書院、一九八三年）
初酉（『陰陽五行と日本の民俗』人文書院、一九八三年）

竜

㈦　日本における竜＝荒神神楽の竜（『日本人の死生観』講談社、一九八二年）

巳

㈠　五行の「巳」
其一　日本原始蛇信仰（『祭りの原理』慶友社、一九七二年）
其二　神奈備山考（『祭り同好会講演要旨』一九九四年五月、於東大寺）
㈡　三合の「巳」
其一　弁才天信仰（『宗教と現代』五巻六号鎌倉新書、一九八三年）

午

㈠　五行の「午」
其一　多度大社の上馬神事（『五行循環』人文書院、一九九二年）
其二　端午節供のチマキ（『五行循環』人文書院、一九九二年）
其三　狐を扶ける「午」（『狐』法政大学出版局、一九八〇年）
㈡　三合の「午」

其一　白馬節会（『民族学研究』四五巻二号、一九八〇年）

未

㈠　五行の「未」

其二　土用丑日の鰻の推理（『朝日新聞』一九七七年七月二十八日）

㈡　三合の「未」

其一　「サノボリ」（『陰陽五行と日本の民俗』人文書院、一九八三年）

其二　風の三郎（『陰陽五行思想からみた日本の祭』弘文堂、一九七八年）

申

㈠　五行の「申」

其一　庚申信仰の「申」（『神々の誕生』岩波書店、一九九〇年）

㈡　三合の「申」

其一　春日大社の申祭（『春日文化』春日大社、一九九三年）

其二　河童（『陰陽五行と日本の民俗』人文書院、一九八三年）

其三　昔話「猿聟入り」（『清泉文苑』清泉女子大学、一九八七年）

酉

㈠　五行の「酉」

其五　迎春呪術の「鳥」（『陰陽五行と日本の民俗』人文書院、一九八三年）

戌

㈠　五行の「戌」

其一　犬の礫（『民族学評論』一五号、大塚民族学会、一九七四年）
㈡　三合の「戌」
其二　土気三合の「戌」
1　リレー「火から土へ」の中枢にある「戌」（『日本古代呪術』大和書房、一九七四年）
5　沖縄宮古島の犬祖伝説（『日本古代呪術』大和書房、一九七四年）

亥

㈠　五行の「亥」
1　炉開き（『東アジアと日本　宗教・文学編』吉川弘文館、一九八七年）
2　玄猪（『五行循環』人文書院、一九九二年）
㈡　三合の「亥」
1　農業神としての「亥」（『陰陽五行思想からみた日本の祭』弘文堂、一九七八年）

著者略歴

吉野裕子（よしの・ひろこ）
一九一六年東京に生まれる
一九三四年女子学習院、一九五四年津田塾大学、各卒。一九七五―八七年学習院女子短期大学講師。
一九七七年三月『陰陽五行思想からみた日本の祭』によって東京教育大学から文学博士の学位を授与される。
二〇〇八年没。

著　書

『扇―性と古代信仰』（初刊一九七〇年、再刊一九八四年、新版二〇二一年、人文書院）
『祭の原理』（慶友社、一九七二年）
『日本古代呪術』（大和書房、一九七四年）
『隠された神々』（初刊一九七五年、再刊一九九二年、人文書院）
『陰陽五行思想からみた日本の祭』（初刊一九七八年、再刊二〇〇〇年、人文書院）
『蛇』（法政大学出版局、一九七九年）
『狐』（法政大学出版局、一九八〇年）
『日本の死生観』（初刊一九八二年、再刊一九九五年、人文書院）
『陰陽五行と日本の民俗』（初刊一九八三年、新版二〇二一年、人文書院）
『易と日本の祭祀』（人文書院、一九八四年）
『陰陽五行と童児祭祀』（人文書院、一九八六年）
『大嘗祭』（弘文堂、一九八七年）
『持統天皇』（人文書院、一九八七年）
『山の神』（人文書院、一九八九年）
『神々の誕生』（岩波書店、一九九〇年）
『五行循環』（人文書院、一九九二年）
『十二支』（初刊一九九四年、新版二〇二一年、人文書院）
『だるまの民俗学』（岩波書店、一九九五年）
『陰陽五行と日本の天皇』（人文書院、一九九八年）
『易・五行と源氏の世界』（人文書院、二〇〇〇年）
『古代日本の女性天皇』（人文書院、二〇〇五年）
『吉野裕子全集』全12巻（人文書院、二〇〇七～二〇〇八年）

JINBUN SHOIN Printed in Japan.
ISBN 978-4-409-54087-9　C1039

十二支―易・五行と日本の民俗　新版

二〇二一年六月一〇日　初版第一刷印刷
二〇二一年六月二〇日　初版第一刷発行

著　者　吉野裕子
発行者　渡辺博史
発行所　人文書院
〒六一二-八四四七　京都市伏見区竹田西内畑町九
電話（〇七五）六〇三―一三四四
振替〇一〇〇〇―八―一一〇三
印刷製本　株式会社冨山房インターナショナル
装幀　上野かおる
落丁、乱丁は送料小社負担にてお取替えいたします